# 사회적경제와 혁신성장

Social Economy & Innovation Growth

# 사회적경제와 혁신성장

김일태
임영언
공 저

전남대학교출판문화원

# 서 문

한국에서 사회적 혁신이 주목받게 된 계기가 된 것은 1997년 IMF(국제통화기금) 외환위기 전후로 전 세계적으로는 2000년 전후 세계 각지에서 다양한 사회적 문제가 발생하면서 주목받게 된 개념이자 용어이다. 글로벌화된 세계는 환경, 에너지자원, 식량, 인구폭발, 남북격차와 같은 복잡하면서도 상호 관련된 문제를 안고 있으며 개인이나 사기업의 입장에서도 글로벌적 시야를 가지고 행동하는 것이 요구되고 있다. 우리는 개인의 행동에 의한 작은 변화도 세계와 무관하다고 할 수 없는 시대에 살고 있다. 이와 더불어 그동안 자본주의라는 틀 속에서 실리를 중시하여 사적 이익의 추구에 매진해 온 시민의식도 변하기 시작했다. 이 때문에 기존의 투자기업보다도 사회적경제기업에 대한 인기와 관심이 높아지고 있다.

이러한 사회적 배경에서 사회공헌활동을 비롯한 사회구조를 바꾸고 새로운 가치를 창조하려는 움직임을 사회적 혁신으로 규정하고 사회적 경제와 그 활동을 수행하는 사람들을 대상으로 하는 연구가 2000년대 전후 사회학이나 경영학 분야에서 활발히 전개되어왔다.

한국사회도 2000년대를 전후하여 전반적으로 다양한 문제가 발생하기 시작했으며 복잡하게 얽혀있는 사회적 문제들은 기업이나 정부가 단독으로 해결할 수 없는 상황에 이르렀다. 이러한 사회적 문제를 해결하기 위해 기존의 기업이나 정부 관계, 그리고 사회구조를 바꿀 필요성이 대두되었다. 그리고 이러한 사회적 문제를 해결하는 방안으로 공공성이나 이윤추구가 아닌 새로운 행동원리와 사회적 가치를 추구함으로써 문제해결을 시도하려는 사회적 혁신(Social Innovation)이 필요하게 되었다.

그러나 사회적 혁신이라는 개념은 이미 오래전부터 조지프 슘페터(Joseph Schumpeter, 1926)나 피터 드러커(Peter Drucker, 1985)가 '사회변혁 혹은 사회혁신'으로 사용해 왔다. 그런데 왜 최근에 다시 주목받게 되었는가? 슘페터(1926)는 혁신을 신 결합(New Combination)으로 설명하고 새로운 재화의 생산, 새로운 생산방식의 도입, 새로운 판매처의 개척, 새로운 거래처의 획득, 새로운 조직의 실현으로 정의하였다. 그는 기술혁신뿐만 아니라 사회구조를 크게 변화시키는 관계성의 변화를 포함하였다. 그러나, 피터 드러커(1958)는 기업이 모든 국면에서 혁신을 일으키기 위해서는 예상치 못한 성공과 실패를 활용하는 갭 찾기, 수요의 발견, 산업구조의 변화 감지, 인구구조의 변화 착목, 인식의 변화 감지, 새로운 지식의 활용 등 7가지의 기회를 찾아내는 구체적인 방안이 필요하다고 역설한 바 있다.

오늘날 사회혁신(Social Innovation)에 관한 연구들은 다양한 관점에서 수행되고 있다. 예를 들면, 사회성이라는 측면에 초점을 둔 연구들은 사회적 기업가(Social Entrepreneur)나 사회적 기업가정신(Social Entrepreneurship), 사회적기업(Social Enterprise) 등이 있다. 이러한 것들은 소셜비즈니스(SB: Social Business)나 커뮤니티비즈니스(Community Business)를 키워드로 연구되고 있다. 최근에는 기업의 사회적 공헌이라는 관점에서 CSR(Corporate Social Responsibility)이나 기업의 사회 공헌(Corporate Philanthropy) 등을 연구하는 사례가 등장하고 있다. 이처럼 사회적기업 관련 용어들의 정의는 다양하지만, 대개 소셜비즈니스는 '비즈니스로 이익을 창출하고 사회적 문제를 해결하는' 기업으로 정의하는 예도 있고 사회적 과제의 해결을 미션으로 '계속해서 사회적 가치를 만들어 내는 구조를 창조하여 스스로 실천하는' 기업으로 정의하는 사례도 있다. 또한, 영리 비영리의 경계를 구분하지 않고 사회가 필요로 하는 혁신을 인지하여 문제해결을 달성하는 기업으로 정의하는 예도 있다. 이들을 종합하면, 소셜비즈니스(사회적기업)는 사회적 환경이나 빈곤 문제 등 다양한 사회적 문제에 직면하여 비즈니스를 통해 해결해 나가려는 활동으로 정의할 수 있을 것이다.

이 책에서 주목하고 있는 사회적 경제와 관련하여 혁신성장과 어떤 관계가 있는지 살펴보고자 한다. 사회적 혁신(Social Innovation)과 관련된 연구들은 연구대상에서 크게 3가지로 구분할 수 있다. 첫째, 사회적 혁신가(Social Innovator)를 대상으로 사회적 기업가나 사회적 기업가정신을 연구하는 경우이다. 둘째, 사회적 혁신(Social Innovation)을 일으키는 조직(비영리조직)이나 구조, 활동에 주목하는 연구로 사회적기업과 소셜비즈니스

(Social Business)를 연구하는 경우이다. 이들 가운데 특정 지역 커뮤니티 활동에 주목하는 것이 커뮤니티 비즈니스(Community Business)에 관한 연구들이다. 셋째, 영리기업이 수행하고 있는 사회공헌활동에 주목하는 CSR(Corporate Social Responsibility)과 사회공헌활동에 관한 연구들이다.

이러한 연구들은 공통적인 사회적 과제로서 존재하는 빈곤, 실업, 건강, 양육, 개호문제, 환경파괴 등에 대한 문제의 해결책을 제시하고 이들 관계자의 삶의 질(Quality of Life)의 유지와 향상을 목적으로 하고 있다. 또한, 이러한 목적을 달성하기 위해 효과적인 활동이나 구조, 조직에 관해 연구하는 예도 있다. 연구 대상은 빈곤지역 등 특별한 사정을 안고 있는 지역에 한정하지 않고 일반적인 지역공동체가 될 수도 있다. 이해관계자들도 빈곤층이나 실업자 혹은 고령자에 한정하지 않고 사회적 문제가 있는 곳에 활동의 기회와 수요가 존재한다.

일반적으로 사회적 혁신은 지역이나 조직에 속한 사람들 사이의 가치관 공유와 새로운 관계성의 구축에 의해 그 지역이나 조직 특유의 역사와 전통, 문화 등을 토대로 사람들이 암묵적으로 가지고 있는 지식과 지혜를 가시화 혹은 종합화하여 새로운 역사와 전통, 문화를 창출하는 신진대사(Metabolism)의 과정에 비유할 수 있다. 또한, 지역의 인간관계나 조직을 지탱하고 있는 사람들, 그 집단으로서의 사회, 자연환경 등에 의해 구성되는 관계 전체를 '생태계(Ecosystem)'라고 할 수 있다. 이 생태계는 독자성을 가지고 있지만 동시에 상이한 생태계와 연계됨으로써 새로운 생태계를 구축하게 된다. 이 새로운 생태계가 영향력을 가지고 확대되어갈 때 기업에서도 혁신성장을 선도할 수 있을 것이다. 이 책은 이러한 사회적경제와 혁신성장 사이의 단초를 발견할 수 있는 사례들을 제공하고자 기획되었다.

이 책의 내용은 주로 질적 분석으로 한국과 일본의 사례에 의존하고 있다. 각 사례는 현장의 경험과 문헌 등에 근거하여 스토리텔링 형식으로 구성하였다. 이론적인 구축은 기존연구에 의존하고 있지만, 여전히 부족한 측면이 많다. 이 책에서 사용하고 있는 각 사례는 사회적 경제 이론에 근거하여 사회적 혁신과 관련된 내용을 원용하면서 각 장의 사례는 저자의 주관에 의해 취사선택하여 재구성하였다. 따라서 이 책의 내용에서 불명확한 사실이나 오류 등의 모든 책임은 저자들에게 있다.

이 책에 관심 있는 독자들은 사회적경제, 사회변혁이나 사회적 혁신에 조금이라도 관심을 가지고 있거나 혹은 현장에서 시도하려는 사람들일 것이다. 이 책이 앞으로 사회적 혁신가(Social Innovator) 혹은 사회적경제 기업가(Social Entrepreneur)를 지향하는 사람들, 그리고 사회적 혁신(Social Innovation)을 일으키려고 생각하는 사람들에게 조금이나마 도움이 되기를 바란다. 또한, 사회적경제나 사회적 혁신성장에 관한 연구를 수행하고 있는 연구자들에게 새로운 연구의 가능성과 지평을 열어줄 것으로 기대한다. 마지막으로 이 책이 출판되기까지 적극적으로 지원해 주신 전남대학교와 전남대학교출판문화원 관계자들에게 깊은 감사를 드린다.

2021년 12월

저자 김일태·임영언

# 목 차

# 표 목차

# 그림 목차

제1장

# 머 리 말

제1절 연구목적 및 배경

제2절 사회적경제와 혁신성장의 관계

제3절 연구내용

제1장

# 머 리 말

## 제1절 연구목적 및 배경

한국정부가 사회적경제를 추진한다는 목표 아래 사회적기업 육성법이 성립된 계기가 된 것은 1997년 IMF경제위기이다. IMF경제위기는 한국전쟁 이후 최대 국난으로 GDP는 1996년부터 1998년까지 급락하여 실업률도 5배 이상 급상승하였다. 이러한 경제위기 가운데 김대중 대통령이 취임하게 되었다. 김대중 정부는 IMF로부터 융자조건을 수용하여 노동시장의 유동화를 추진하였다. 빈민을 구제하는 사회보장제도의 구축을 급선무로 사회개혁을 단행하였다. 1997년 IMF경제위기는 시민사회에 커다란 충격을 두었다. 이를 계기로 한국에서는 급여 수준이 낮은 비정규직의 증가, 경제적 격차의 확대와 실업자(취약계층)의 증가라는 사회적 문제들이 분출하여 이에 대한 대응과 사회적 문제를 해결하는 방안으로 정부가 시민활동과 사업을 연계하여 추진하고자 시도하였다. 1997년 경제위기를 계기로 1998년에 '실업극복국민운동위원회'가 결성되었고 단기적인 일자리창출을 통한 빈곤과 실업 문제를 해결하기 위한 수단으로 공공근로사업이 시행되었다.

2000년에는 국민기초생활보장제도의 도입과 더불어 근로연계 복지정책 차원에서 자활사업이 추진되었다. 2003년부터는 사회적 일자리창출 정책이 시행되었으며 비영리 사회적기업이 증가하기 시작했다. 2007년 '사회적기업 육성법'이 제정된 이후에는 고용노동부 중심에서 각 정부 부처 차원의 사회적기업 정책으로 확대되었다. 사회적기업 육성법은 2005년 12월 당시 한나라당 진영 의원 등 34명이 발의한 '사회적기업의 설립 및 육성에 관한 법률안'과 2006년 12월 양 법안을 통합한 국회 환경노동위원장의 '사회적기업육성 법안'의 발의를 통해서 최종적으로 2006년 12월 8일 출석위원 216명 중 찬성 205명, 반대 5명, 기권 6명의 표결로 통과되었다. 이를 계기로 전문적인 사회적경제 지원조직인 한국사회적기업진흥원, 사회적경제지원센터 등이 전국적으로 만들어졌다.

한국에서는 2006년 12월 '사회적기업 육성법'이 제정되어 2007년 7월부터 시행되기 시작하였다. 사회적기업 육성법의 목적은 '사회적기업을 지원하고 한국 사회에서 충분히 공급되지 못하고 있는 사회서비스를 확대하여 새로운 일자리창출, 사회적 통합과 국민 생활의 질적 향상에 기여하는 것(제1조)'으로 규정하고 있다. 이러한 규정에 따라 사회적기업의 정의도 "취약계층에게 사회서비스 혹은 고용기회를 제공하여 지역주민의 삶의 질을 제고하는 등의 사회적 목적을 추구하면서 재화 및 서비스의 생산과 판매 등의 영업활동을 수행하는 기업으로써 인증을 받은 기업(제2조)"으로 규정하고 있다. 즉 사회적기업은 사회적 목적을 추구하면서 영업활동을 수행하는 정부인증에 의한 하이브리형 기업이라고 할 수 있다.

한국에서 사회적경제정책이 본격화되기 시작한 것은 2007년 '사회적기업 육성법'이 제정된 이후라고 볼 수 있다. 당시 정부는 시민들의 수요와 요구를 반영하여 사회적기업과 관련된 정부주도의 일자리창출사업에 대한 전반적인 제도화의 필요성으로 '사회적기업 육성법'을 제정하여 사회적경제 정책을 체계화하기 시작했다. 일반적으로 사회적경제의 정의는 일정 국가의 구성원들이 스스로 사회적 문제에 대하여 사회 혁신과 사회적 참여를 통해 사회적 가치(CSV: Creating Shared Value)를 창출하는 모든 경제활동을 일컫는다. 여기에서 사회적 가치는 구체적으로 서울시(기본조례 제3조)의 경우 '지역 및 사회구성원의 사회적, 경제적, 문화적, 환경적 복리수준을 향상시키는 공적개념의 효용'으로 정의하고 있다. 사회적 가치를 제고하는 구체적인 활동으로서는 안정적인 일자리창출, 지역사회 재생, 남녀기회균등, 사회적경제 기회에서 배제된 사회구성원의 회복, 마을공동체의 이익실현, 윤리적 생산과 유통, 환경의 지속 가능한 보전 등을 포함하고 있다. 따라서 사회적경제가 궁극적으로 추구하는 목적은 사회서비스 제공, 일자리창출, 공동체의 삶의 질의 향상, 사회적 공헌(기여) 등이라 할 수 있다.

대개 사회적경제는 일정 사회구성원들이 공감하고 있는 사회적 문제의 등장과 해결책을 강구하는 대응 논리로 등장하였으며 어느 사회 혹은 국가의 사회적 환경이나 역사적 맥락에 따라 다르게 정의될 수 있다. 사회적경제의 의미는 비영리조직의 중간 형태로 사회적 목적을 우선으로 추구하면서 재화나 사회서비스의 생산과 판매 등 영업활동을 수행하는 기업이나 조직을 말한다. 법적인 의미로는 사회적기업 육성법 제2조 제1항에서 취약계층을 대상으로 사회서비스 혹은 일자리를 제공하거나 지역사회에 공헌함으로써 지역주민의 삶의 질을 높이는 등의 사회적 목적을 추구하며 재화 및 서비스의 생산과 판매 등 영업활동을 하는 기업으로 법에 따라 인증을 받은 기업을 지칭하기도 한다.

2012년에는 협동조합의 제도화를 통해 지방정부의 사회적기업의 육성을 위한 노력이 확산되었고 전문적인 사회적기업 지원조직이 태동하면서 괄목할만한 성장을 이루었다. 2016년 발의된 '사회적경제 기본법안'에서는 사회적경제를 '사회적 가치를 추구하면서 재화 및 용역의 구매, 생산, 판매, 소비 등 영업활동을 지향하는 기업조직으로 정의하고 '사회적경제'를 사회적기업과 사회적경제 중간지원조직, 사회적경제 연대조직에 해당하는 기업, 법인, 단체, 혹은 이에 따르는 조직이나 사업을 수행하는 기업으로 범위를 정하고 있다.'

정부는 2017년에는 사회적경제 활성화 방안을 발표하여 사업개발비의 지원범위를 확대하였다. 그리고 범정부 차원의 사회적경제 활성화 방안을 발표하여 사회적기업에 대한 정책적 지원 확대, 사회적기업에 국한되었던 사업개발비 지원을 다양한 사회적경제기업으로 확대하였다. 2018년에는 제3차 사회적기업육성 기본계획을 수립하여 사회적기업 저변확대와 사회적 가치 중심의 사회적기업 지원, 지역과 민간중심의 지원체계 조성, 사회적경제 성장 생태계 조성에 관한 내용을 포괄하였다.

이상과 같이 한국에서 사회적경제의 출현은 1997년 아시아 통화위기에 의한 국제통화기금(IMF) 체제에서 사회구조개혁이 진행되는 가운데 고용구조의 이원화에 따른 임금 격차의 확대, 교육양극화문제의 표출에 따른 사회적 불안 증대로 '사회적기업 육성법(2007년 시행)'이 성립되면서 비롯되었다. 이 책의 목적은 사회적경제가 출현한 지 23년이 지난 시점에서 사회적경제의 역사적 형성과정을 회고하고 지역과 전 세계에서 발생하고 있는 혁신성장의 사례를 살펴보고 향후 시사점을 도출하고자 한다.

## 제2절 사회적경제와 혁신성장의 관계

일반적으로 기업이 존속하기 위해서는 기업과 환경과의 관계를 직시하고 환경변화에 대응할 필요가 있다. 기업이 환경변화와 경쟁에 수동적으로 대응하면 경쟁에 뒤처질 수밖에 없다. 기업 환경이 변화하는 가운데 기업이 새로운 사업기회를 창출하거나 기술력과 조직을 혁신함으로써 사회와 고객에게 새로운 가치를 제공하는 것은 매우 중요하다. 종래와 같은 제품이나 판매방법으로는 새로운 고객을 확보할 수 없고 기업은 쇠퇴하게 된다. 기업이 지속적으로 성장하기 위하여 이러한 환경변화에 적극적으로 대응하는 것이 필요한데 이를 '경영혁신'이라고 한다. 이러한 경영혁신과 거의 같은 의미로 사용되는 용어가 '혁신(Innovation)'이다. 경제발전이 지속적인 혁신에 의해 유발한다는 것을 규명하려고 시도했던 최초이자 최대의 학자는 슘페터(Schumpeter, 2020)이다.[1] 슘페터는 혁신을 경영자원의 새로운 결합에 의해 발생하는 종래의 연장선에서의 개선의 축적과는 다른 비연속적 변화를 지칭하는 것으로 이 변화를 '창조적 파괴(Creative destruction)'로 불렀다. 즉 그는 혁신을 기술혁신뿐만 아니라 '새로운 결합'으로 보았다. 구체적으로 혁신은 새로운 제품과 서비스 창출, 새로운 생산방식의 도입, 새로운 시장의 개척, 원료와 제품의 새로운 공급원 확보, 새로운 조직의 실현이다.[2]

슘페터가 '자본주의, 사회주의, 민주주의(schumpeter, 1950)'에서 사용하고 있는 창조적 파괴의 개념은 구 결합이 신 결합으로 바뀌는 과정, 즉 호황에서 불황으로 향하는 흡수와 정리의 과정을 표현하였다. 경제의 신진대사를 가리키는 '창조적 파괴'의 개념은 불황이야말로 기술혁신의 원천이라는 의미로 종종 사용되

---

1) J·A·シュンペーター著；八木紀一郎, 荒木詳二訳(2020)『シュンペ-タ-経済発展の理論(初版)』日経BP日本経済新聞出版本部.

2) Schumpeter, J.A., (1939) Business Cycles: A Theoretical, Historical, and Statistical Analysis of the Capitalist Process, Vol.1, Vol.2, McGraw-Hill Book Co. (吉田昇三監修·金融経済研究所訳『景気循環論—資本主義過程の理論的·歴史的·統計的分析—』, (Ⅰ)·(Ⅱ)·(Ⅲ)·(Ⅳ)·(Ⅴ), 有斐閣, 1958年, 1959年, 1960年, 1962年, 1964年)

어왔다. 혁신 과정은 내부로부터 경제구조를 끊임없이 혁명화해서 낡은 것을 끊임없이 파괴하고, 새로운 것을 끊임없이 창조하는 과정이라는 것을 '자본주의, 사회주의, 민주주의'에서 분명하게 서술하고 있다.[3] 즉, 기업가의 군생적 출현에 의해 나타나게 된 경기의 호황은 신 결합의 성과가 사람들에게 널리 침투함으로써 불황으로 전환하게 된다.[4]

자본주의 경제에서 내생적 경제성장은 경기가 호황에서 불황으로 장기순환하는 과정을 통해 달성된다. 또한, 불황 중에도 기술 수준이 계속 향상되면 구 결합이 신 결합으로 바뀌는 시기가 도래한다. 이때 기업가의 역할은 이용 가능한 기술을 소비자의 잠재적인 수요와 연계하는 것이며 그 힘을 최대한 발휘하려는 것에 자본주의 경제의 특징이 존재한다.

주지하는 바와 같이 최근 기업의 경영환경이 크게 혹은 빠르게 변화하고 있다. 국내뿐만 아니라 전 세계적으로 저출산 고령화에 따른 인구감소, 인구구성의 변화와 경제의 성숙화도 급속히 진행되고 있다. 이에 따라 사회의 모든 분야에서 변화가 일

---

3) Schumpeter, J.A., (1950) Capitalism, socialism, and democracy, 3rd ed, Harper & Brothers. (中山伊知郎·東畑精一訳『資本主義·社会主義·民主主義(新装版)』東洋経済新報社, 1995年) p.83.

4) Schumpeter, J.A., (1926) Theorie der wirtschaftlichen Entwicklung : eine Untersuchung über Unternehmergewinn, Kapital, Kredit, Zins und den Konjunkturzyklus, (2. Aufl.) Leipzig : Duncker & Humblot. (塩野谷祐一·中 山伊知郎·東畑精一訳『経済発展の理論：企業者利潤·資本·信用·利子および景気の回転に関する一研究(上)(下)』岩波書店, 1977年).

어나고 있다. 전 세계의 정세적인 측면에서도 IT기술의 진전과 글로벌화, 신흥국의 대두, 자원의 인상, 환경문제와 금융위기 등 다양한 문제들이 새롭게 발생하고 있다. 따라서 이 책에서는 경영혁신, 혹은 혁신성장을 종래와는 다른 새로운 것을 시작함으로써 기업의 업적(성과)을 신장하는 것으로 정의하였다.

그동안 한국에서도 새롭게 발생하는 다양한 사회적 문제를 해결하기 수단으로 사회적경제 육성을 위한 국가정책이 전개되어왔다. 2007년에는 아시아에서 처음으로 사회적기업지원법인 '사회적기업육성법'이 제정되었고 이후 협동조합기본법, 정부 시도별 지원제도, 광역 및 기초자치단체의 조례제정과 보조사업 등이 차례로 시행되어왔다. 2015년에는 사회적경제조직을 포괄적으로 지원하기 위해 사회적경제기본법안 등 관련법 제정이 검토되었으며 연대경제와 비즈니스 수법을 활용한 사회적 문제 해결을 지향하는 사회적경제조직에 대한 기대로 확대되었다.

문재인정부는 2018년부터 사회적경제 관련 정책을 '100대 국정과제'로 정하고 사회적경제 육성을 통해 고용문제 해결, 사회서비스 충실, 도시재생, 공동체 케어 등의 역할자로 사회적경제조직을 활용해나가고 있다.

이상과 같이 한국에서 사회적기업 추진정책은 2007년 사회적기업육성법, 2011년 협동조합기본법, 2015년 이후 사회적경제기본법 제정이라는 과정을 거쳐 사회적기업의 개념도 사회적기업에서 사회적경제기업이라는 광의의 포괄적 개념으로 확대되었고 지원정책도 기반형성이나 양적확대라는 직접지원중심에서 생태계조성 및 질적성장이라는 간접지원중심으로 전환되었다.

한국 사회적경제정책의 전개 과정에 대하여 오세웅(呉世雄, 2019)은 다음과 같이 4단계로 구분하여 설명한 바 있다.[5] 간략하면, 첫째, 초창기는 1990년대 빈곤운동과 생산공동사업이 원류로 시민활동가들에 의해 도시빈민지역에서 생산공동체운동이 전개되었다. 둘째, 모색기에는 1997년 경제위기로 인한 실업률의 증가와 빈곤의 사회적 문제화로 인한 대책이 요구되었다. 이에 따라 이 시기에는 사회보장정책과 고용보장정책이 중요한 정책과제로 대두되었고 고용창출종합정책이나 사회적고용사업 등 다양한 고용창출정책이 전개되었다. 하지만 이들 정책과 사업에 의해 창출된 고용은 저임금 단기적 고용으로 실업자에 대한 인건비보조의 성격이 강했고 비용효과 측면에서 저효율성이 지적되었다.

이러한 가운데 정부는 고용개발정책의 일시적 임시적 효과를 극복하고 장기적 관점에서 고용문제를 해결하는 방법으로 사회서비스의 공급확대와 고용창출효과를 기대할 수 있는 사회적기업육성법의 제도화를 서둘렀다. 셋째, 사회적경제 도입기인 2007년 사회기업육성법을 제정하였고 2010년에는 안전행정부의 마을기업육성사업, 2011년에는 농림수산안전부 주관의 농촌공동체 육성사업이 시작되었다. 2012년에는 협동조합기본법이 시행되어 일반 협동조합과 사회적협동조합을 활용한 사회적기업의 전개가 가능하게 되었다.

5) 呉世雄(2019)『韓国における社会的経済組織の育成政策と経営実態』一般財団法人全国勤労者福祉・共済振興協会, pp.4-7.

넷째, 사회적경제기업의 성장기인 2015년에는 사회적경제기본법안이 국회에 상정되었지만 성립되지는 못했다. 그리고 2017년에는 사회적경제육성정책이 문재인정권의 100대 국정과제의 하나로 지정되었고 활발한 지원책이 전개되어왔다.

이상에서 설명한 바와 같이 한국에서의 사회적경제정책의 특징에 대하여 정리하면 초기 관주도의 고용정책과 복지정책(Work Fare)의 연장선상에서 전개되었다. 사회적경제조직이 정부주도로 진행되다 보니 조직형태나 지역 특징에 맞는 원활한 지원과 연계되지 못한 문제가 발생하고 있다. 최근에는 사회서비스제공에 대하여 정부나 지방자치단체의 책임을 강화하는 방향으로 정책이 전개되어 사회적경제 조직의 사업영역 축소나 과잉경쟁이 발생하는 사업영역도 존재한다. 이에 따라 사회적기업에 의한 사회서비스 충실을 도모하는 정책방안과 복지서비스의 공공화정책의 조정이 필요한 상황이다. 이에 대한 상세한 설명은 다음 장에서 구체적으로 기술할 것이다.

## 제3절 연구내용

이 책은 전체 9장으로 다음과 같은 내용으로 구성되어 있다.

제1장은 머리말로 이 책의 연구목적과 배경을 제시하였다. 이 책은 사회적경제가 출현한 지 23년이 지난 시점에서 사회적경제의 역사적 형성과정을 회고하고 지역과 전 세계에서 발생하고 있는 혁신성장의 사례를 분석하여 향후 시사점을 도출하였다.

제2장은 기존연구를 통해 사회적경제와 혁신성장의 이론적 토대를 구축하였다. 사회적 혁신은 지역이나 조직에 속한 사람들 사이의 가치관 공유와 새로운 관계성의 구축에 의해 그 지역이나 조직 특유의 역사와 전통, 문화 등을 토대로 사람들이 암묵적으로 가지고 있는 지식과 지혜를 가시화 혹은 종합화하여 새로운 역사와 전통, 문화를 창출하는 신진대사의 과정에 비유할 수 있다. 또한, 혁신성장과 관련하여 지역의 인간관계나 조직을 지탱하고 있는 사람들, 그 집단으로서의 사회, 자연환경 등에 의해 구성되는 관계 전체를 '생태계'라고 할 수 있다. 이 생태계는 독자성을 가지고 있지만 동시에 상이한 생태계와 연계됨으로써 새로운 생태계를 구축하게 된다. 이 새로운 생태계가 영향력을 가지고 확대되어 감으로써 기업에서의 혁신성장을 선도할 수 있다.

제3장은 한국 사회적경제의 제도화와 정책형성과정에 대하여 고찰하였다. 한국정부가 주도하는 사회적기업 육성정책은 빈곤의 해소(복지정책)와 실업자 고용창출(사회정책)이 통합된 사회정책이라 할 수 있다. 그러나 본질적으로는 빈곤으로부터의 탈피와 사회민주화운동을 진행하는 과정에서 탄생한 생산공동체운동의 계보와 연계되는 사회 혁신성이라 할 수 있다. 또한, 사회적경제 정책형성의 조성, 정책형성으로부터 정책집행, 실천으로부터 문제분석, 그리고 정책형성의 과정까지의 피드백을 빠르게 진행하였다.

제4장은 한일 사회적경제와 해외 혁신성장사례에 대해 한일 사회적경제의 제도화과정을 비교 고찰하였다. 한일 사회적경제

정책 비교에서 한국이 정부 주도로 사회적 약자나 취약계층에 집중되어 있고 일본이 공공정책의 논리로 정부보다는 시민 주도로 NPO법인이나 비영리활동에 집중되고 있다는 점을 제시하였다.

제5장은 사회적경제와 국내 혁신성장사례를 분석하였다. 인구감소, 골목상권 쇠퇴, 건축물의 노후화 등이 현저하게 나타나고 있는 대전시 오정동 일대의 도시재생사업에 의한 지역 활성화에 대하여 지역재생사업을 통한 정책적 추진방안을 고찰하였다. 연구결과, 오정동의 도시재생사업은 향후 도시경쟁력 강화를 통한 일자리창출과 사회적 통합으로 이어져야 함을 제시하였다. 이를 위해서는 오정동의 도시재생사업을 통한 고용창출과 지역공동체 일자리창출, 공유경제를 바탕으로 한 창업생태계 구축의 시급성을 제시하였다.

제6장은 사회적경제와 교육 혁신에 대해 고찰하였다. 학교의 현장이나 가정과 지역에서 선거제도의 계발로 선거 전의 주권자 교육뿐만 아니라 일상적인 교육활동 중에도 '일생의 정치'라는 정치적 주제를 다루고 학교 전체적으로 학생의 주권자의식에 대한 제고 방안이 모색되어야 함을 살펴보았다. 한국에서 주권자 교육은 청년 유권자를 대상으로 협의의 주권자교육과 광의의 주권자 교육을 병행하는 방식으로 주권자로서의 행동의식을 변화시키거나 지속시킬 수 있는 주권자 교육의 필요성을 제기하였다.

제7장은 일본에서 재일외국인 노동자와 이민제도의 개혁에 대해 외국인의 증가에 따른 출입국관리정책의 전환과 그 의미

를 고찰하였다. 일본 정부의 신제도로서 외국인수용정책의 전환은 기능실습생들이 특정기능 외국인노동자로의 이행을 유도하는 것으로 외국인 인재 수용구조에 대한 근본적인 정책전환은 아닌 것으로 보인다. 또한, 한국에서의 다문화 공생 사회실현과 사회통합을 위한 이민정책의 전환과정에서 귀환 동포(중국동포, 고려인 등)의 제도적 도입과 정책 방향설정에 대한 시사점을 제시하였다.

제8장은 코로나·팬데믹과 재일동포사회에 대해 고찰하였다. 코로나가 일본거주 재일외국인 혹은 재일동포들에게 미친 영향을 살펴보고 일본의 외국인 정책을 고찰하였다. 일본 정부가 재일외국인 정책에서 다문화 공생의 이민정책을 지향하고 있지만, 코로나 시대 재일동포 지원금배제의 사례는 재일외국인의 포용에 있어서 이민정책의 일정한 한계가 있음을 보여주고 있다.

제9장은 마지막 장의 맺음말로 이 책의 결론과 요약, 연구의 한계와 시사점 등을 제시하였다.

제2장

# 사회적경제정책의 성립과 이론적 토대

제2장

# 사회적경제정책의 성립과 이론적 토대

## 제1절 사회적기업 육성법과 사회적경제정책

한국에서 사회적기업육성에 관한 논의는 경제위기에 의한 대량실업을 해결하기 위한 대책으로 시작되었다. 대량실업에 대처하기 위해 대규모 공공근로사업의 개시, 지역 내 시민사회단체에의 위탁사업이 진행되었다. 그러나 공공근로사업은 재정지원에 의해 유지되는 임시직이었기 때문에 개선책으로서 고용의 연속성이 보장되는 안정적 직장 만들기의 필요성이 제기되었다. 한편 시민사회단체는 1990년대 이후 EU국가에서 활성화된 사회적경제 및 사회적기업에 대한 논의에 주목하였다.

2000년에는 '국민기초생활보장법'이 제정되어 근로능력을 가진 기초생활보장 수급자에게 직업을 제공하여 자율을 유도하려는 자활지원사업이 개시되었다. 자활지원사업은 수급자들의 근로의욕이 낮은 경우 자율이 곤란하여 최저수준에서 탈피할 수

표 1. 사회적경제정책 관련 주요 전개 과정[1)]

| 단 계 | 시 기 | 주요 사업 정책 내용 | 특 징 |
|---|---|---|---|
| 초창기 | 1990<br>~1996년 | • 시민단체에 의한 생산공동체 운영, 노동자생산협동조합<br>• 보건복지부 자활사업실시, 자활지원센터 인가 | • 개별 사회적경제기업 자발적 조직화와 활동 |
| 모색기 | 1997<br>~2003년 | • 보건복지부 공공근로사업 민간 위탁제도화<br>• 보건복지부 자활지원사업제도화(국민기초생활보장법)<br>• 노동부 사회적 근로사업 제도화 | • 다양한 취업지원 관련 제도 전개<br>• 정부인증 및 지원을 위한 법 제도 만들기<br>• 사회경제의 활성화 모델사업 추진 |
| 도입기 | 2007<br>~2012년 | • 노동부 사회적기업육성법 제정<br>• 행안부 마을기업<br>• 농림수산안전부 농촌공동체 회사<br>• 협동조합기본법 시행 | • 사회적기업 제도화 및 보급<br>• 시도별 사회적경제기업 육성정책 본격추진<br>• 조직기반 확대 및 다양화 |
| 성장기·<br>성숙기 | 2015<br>~2018년 | • 사회적경제 관련법 만들기 추진 중(사회적경제기본법, 사회적가치실현기본법, 사회적경제 기업제품의 판로지원법)<br>• 100대 국정과제의 하나로 사회적경제활성화 추진 | • 사회적경제조직 기반 확대<br>• 사회적경제기업 조직 규모 및 매출액 등 확대<br>• 다양한 수익모델 개발 및 진출분야 확대<br>• 사회적경제에 어울리는 경제생태계 조성 |

---

1) 呉世雄(2017)「韓国の社会的企業育成法の成果と課題」『社会福祉学』58, p.4.

없는 것이 문제였다. 경제 성장률의 상승에도 불구하고 전체 취업자 수가 감소하는 '고용 없는 성장(고용 쇼크)'의 상황을 타개하기 위하여 2003년에는 자활지원사업과 병행하여 노동부의 사회적 취업사업이 시범적으로 시행되었다. 정부는 사회적 근로사업을 보완하여 고용창출 잠재력이 높을 것으로 인식되는 사회서비스 공급분야에서 고용을 창출할 수 있는 사업개발에 착수하였다. 이것이 사회적기업 육성정책이다.

초기 시민단체, 기업, 정부의 3주체의 협동사업인 '민간자원동원취업사업'으로 2005년 이후 사회적기업 육성정책으로의 전환을 모색하였다. '민간자원동원취업사업'은 비영리단체와 파트너십을 맺고 이들이 사업주체가 되어 직업의 질을 높이고 지속적인 고용을 창출하기 위한 사업이다. 그러나 단기적인 저임금 고용창출에 머물러 지속적인 고용을 창출하기에는 한계가 있었다. 행정관리 측면에서도 비효율적인 측면이 현저하여 기존 정부사업(자활지원사업, 고령자고용촉진사업, 장애자고용촉진사업 등)과 업무상 중복 문제도 발생했다. 이 때문에 정부는 이 사업을 2006년 9월 '비전 2030'에서 사회서비스 고용창출정책으로 재편하여 정부의 선도적 투자를 통해 육성하는 사업으로 개선하였다.

이상과 같이 고용노동부가 착수한 2003년의 사회적 일자리창출사업은 수요증가가 예상되는 사회서비스 분야에 취약계층의 일자리를 창출하여 실업과 소득격차의 해결, 사회적기업의 창출과 지역사회 정착을 촉진하려는 사업이었다. 그러나 이 사업은 단기적 임시적 저임금고용이 문제가 되어 지속 가능한 양질의 고용과 사회서비스를 제공하는 사회적기업육성이 요구되었다. 이러한 요청으로 정부와 의회가 사회적기업을 제도화하여 더욱 체계적으로 육성하는 것을 목표로 입법기관관계자를 중심으로 '사회적기업 육성법'의 입법화가 시작되었다.

**표 2. 사회적기업 육성법의 전개 과정(加藤知愛, 2013.10.)**

| 연월일 | 전개 과정 |
|---|---|
| 2005.03. | • 노동부, 관계부처, 민간전문가 등에서 '사회적 일자리 TF'을 구성하여 법제정 방향을 논의 |
| 2005.12.09.<br>2006.03.26.<br>2006.04.19.<br>2006.08.24. | • 한나라당 진영의원 대표발의로 '사회적기업 설립 및 육성에 관한 법률안' 국회 제출<br>• 정부와 열린우리당 우원식의원 '사회적기업 지원 법안' 국회제출<br>• 국회환경노동위원회가 공청회를 개최하여 전문가의 의견을 청취하여 법안심사소위원회가 법안 검토<br>• 자활후견인기관을 중지한 시민단체가 '사회적기업 발전을 위한 시민사회단체연대회의'을 결성한 법안 준비 '사회적기업육성 및 지원 법안' 발표<br>• 우원식의원 안을 전체적인 틀로서 진영의원안의 내용을 가미한 위원회 안을 국회 제출 |
| 2006.08.24. | • 사회적기업 육성 법안은 국회환경노동위원회를 통과 (12.8 본회의가결 성립) |
| 2007.01.13. | • 사회적기업 육성법 공포(7.1. 시행)<br>• 시행령(2007.6.29.) 및 시행규칙(2007.7.18.) 등 하위 규정 제정<br>• 관계부처와 전문가에서 구성된 '사회적기업육성위원회' 설치, 인증 및 개선과제 토의 |
| 2008.10. | • 고용노동부가 100대 국제과정 중 하나로서 사회적기업 육성 선정 |
| 2008.11. | • 정부는 사회적기업육성위원회의 심의를 거쳐 사회적 기업육성 기본계획(2008~2012)을 발표<br>• 노동부의 사회적 일자리창출사업이 사회적기업육성 정책에 통합. 공모를 통해 사업개발비 지원 개시 |

## 제2절 ▶ 사회적기업 육성법의 성립

1997년 경제위기 이후 사회적 문제였던 비정규고용의 증가, 소득격차의 확대 등 노동환경의 악화를 해결하기 위해 고용노동부에 의한 사회적 일자리창출사업이 개시되었던 시기에 민간 주도의 사회적 기업가 지원사업이 시작되어 빈곤과 실업 극복, 사회서비스 사업주체가 대량 출현하였다. 이들 주체가 요양복지 등의 생활 관련 서비스를 비롯하여 지역소멸, 농촌 투어리즘, 자연에너지, 지역 활성화 등 다양한 분야에서 지역사회정책을 담당하였다. 정부는 이러한 움직임에 따라 2005년 3월 고용노동부, 보건복지부, 기획재정부 등의 정부기관, 사회적기업 관련 연구자 등이 고용창출을 논의하는 기관을 설립했다. 이 기관은 야당이 제안한 사회적기업육성 법안 내용을 수용하여 2006년 3월 의원입법으로 발의하였으며 같은 해 11월에 사회적기업 육성법이 성립되어 2007년 7월 1일부터 시행하였다. 시민단체가 입안한 법안은 통과되지 못했지만, 시민단체의 적극적인 태도로 정부가 그들의 의향을 정책형성에 수용하는 자세를 보였다.

이 법은 사회적기업의 기준을 정하고 기준에 충족하는 기업에 대하여 지원을 수행하는 것을 기본적인 골격으로 하고 있다. 사회적기업 인증을 획득한 기업은 사회적기업 육성법의 조항에 따라 인건비 지원, 세금지원, 시설자금대출, 사회보험료 지원 등의 혜택을 부여했다. 사회적기업 육성법의 성립 당시 54개 법인이었던 사회적기업은 2010년 406개 법인, 2011년 644개 법인으로 증가했다. 대기업을 중심으로 한 기존기업의 참여, 지방자치단체에 의한 사회적기업육성 관련 조례의 제정 등 적극적인 대처의 성과가 구체적인 사회적기업 수의 증가로 나타났다. 그러나 사회적기업은 창업 후 초기 단계의 시장진입과정에서 인지도와 품질경쟁력에 대한 저평가로 시장경쟁력의 확보와 기술개발, 설비확충 등 필요한 생산자본의 정비에서 곤란에 처했다. 이 때문에 정부는 사회적기업이 생산하는 제품과 서비스를 공공기관이 솔선하여 구매하도록 하고 경영과 재정지원, 세금감면 등의 다양한 정책을 지원하고 있다.

## 제3절 사회적경제의 이론적 토대

전술한 바와 같이 한국에서 사회적경제의 출현은 그 이전에도 비슷한 형태가 존재하지만 1997년 IMF 경제위기에 따른 국민경제 전반에 거대한 변화가 요인이었다. 그리고 정부는 실업과 빈곤 문제를 해결하기 위해 공공근로 및 자활, 사회적 일자리창출 사업을 진행하였다. 2007년에는 글로벌적으로 변화하는 사회환경에 대처하기 위하여 정부는 시민사회와 자활정책 연구자들이 제안했던 사회적기업의 설립과 법적 지원을 적극적으로 검토하여 2007년 '사회적기업 육성법'을 공포하였다. 사회적경제는 정부에 의한 사회적 구조 개혁이 진행된 가운데 고용구조에 따른 임금 격차와 고용불안, 실업자의 증가로 인한 사회적 불안요소를 해소하기 위하여 도입되었다. 그리고 한국에서 사회적경제는 취약계층을 대상으로 사회적 포용 차원에서 전개되었다.

이 절에서는 한국에서 사회적경제의 전개와 추진과정에 관한 선행연구를 다음과 같이 3가지 측면에서 살펴보고자 한다. 첫째, 사회적경제의 역사적 전개과정과 도입배경에 대해 살펴볼 것이다. 둘째, 사회적경제의 법적 제도화과정에 관해 선행연구를 중심으로 검토할 것이다. 셋째, 사회적경제의 정책적 추진 방향과 개선방안에 대하여 살펴볼 것이다.

이상과 같이 이 절에서는 기존연구를 통해 사회적경제의 역사적 전개와 도입과정, 법적 제도화과정, 정책적 추진 방향 등을 차례로 살펴볼 것이다. 먼저, 사회적기업의 역사적 전개와 도입과정에 대해 살펴본 결과는 다음 <표 3>에 제시한 바와 같다.

**표 3. 사회적경제의 역사적 전개와 도입과정**[2)]

| 정책대상 | 연구자 | 주요 내용 |
| --- | --- | --- |
| 사회적 경제의 역사적 전개 | 임욱빈/신용준/안상봉(2016) | 우리나라 사회적경제 협동조합의 역사와 발전방안에 관한 연구 -소상공인협동조합을 중심으로- |
| | 김태근/김학실(2014) | 신제도주의 관점에서 본 독일과 한국 사회적기업의 등장 배경과 의미 비교 -역사적 제도주의와 행위자 중심의 제도주의를 중심으로- |
| | 김정원(2015) | 빈곤 문제에 대한 대응과 사회적경제 : 빈민밀집지역 주민운동 분석을 중심으로 |

2) 이 표는 선행연구 분석내용을 정리하여 연구자가 작성하였다.

| 정책대상 | 연구자 | 주요 내용 |
| --- | --- | --- |
| 사회적 경제의 역사적 전개 | 이해진 (2020) | 충청북도 농촌 사회적경제의 현황과 발전 방안: 사회적 가치를 중심으로 |
| | 민현석/오지연 (2019) | 서울시 역사문화 도시재생의 성과 및 개선 방향 |
| | 김정원 (2019) | 일제 강점기 사회적경제의 조직화 동학: 민간 협동조합을 중심으로 |
| | 최윤서/최민욱 (2019) | 일본 쿠시로 산탄지역의 지역사회 재활성화 사업에 관한 연구 |
| 도입 과정 | 김혜원/김성기/강대성 외 3명(2018) | 사회적기업 등록제 도입방안 연구 |
| | 황영모/임승현/김시백 외 2명(2018) | 사회적경제 혁신타운 조성 타당성 조사연구 |
| | 조영복/신경철 (2014) | 사회적기업육성을 위한 금융지원 방안 : 사회성과연계채권(SIB)의 도입에 관한 연구 |
| | 조재욱 (2013) | 새로운 화폐정치의 공간 만들기: 지역화폐제도도입을 통한 보완경제의 기능성 시탐 |
| | 박희제/성지은 (2019) | 사회적경제 조직의 혁신활동 경험과 과제: 사회문제 해결형 연구개발 사업을 중심으로 |
| | 황영순 (2016) | [사회적경제를 지탱하는 사회적금융 활성화] 사회적금융 활성화, 공공투자기금 마련으로 부산 사회적금융 체계 성공적으로 도입해야 |
| | 이정표 (2008) | 평생학습계좌제도 도입의 사회적 경제적 활용도 제고 방안 |
| | 이경란 (2014) | 한국근현대사에서 공생적 관점의 도입과 협동조합운동사 |

첫째, 사회적경제의 역사적 전개에 관한 연구이다. 이러한 선행연구는 사회적경제의 역사적 전개과정을 파악하는 데 중점을 두고 있다. 먼저 김태근 외(2014)의 연구는 신제도주의적 관점에서 독일과 한국사회적기업의 등장 배경과 의미의 비교에 대하여 역사적 제도 주의와 행위자 중심의 제도 주의를 중심으로 사회적경제의 역사적 등장 배경에 대하여 논하고 있다. 또한, 김정원(2015)의 경우 한국사회에서 빈곤 문제에 대한 대응과 사회적경제의 탄생배경에 대하여 빈민 밀집 지역 주민운동을 중심으로 분석하고 있다. 한국의 사회적 협동조합의 역사와 발전방안에 연구로는 임옥빈 외(2016)의 연구가 있다. 이 연구는 사회적경제 역사에 대하여 제도주의적 입장, 빈곤 문제의 해결, 협동조합에서의 확장된 개념으로 설명하고 있다. 그밖에도 이해진(2020)의 농촌 사회적경제의 현황과 발전방안의 역사, 민현석 외(2019)의 서울시 역사문화 도시재생의 성과 및 개선 방향 등은 농촌과 도시재생으로까지 사회적경제의 역사적 전개과정을 확대하는 경향을 보여주고 있다.

둘째, 사회적경제의 도입배경에 관한 연구이다. 이러한 연구들은 주로 사회적경제 도입배경이나 도입의 당위성 및 필요성, 새로운 제도의 도입 제안 등이 주를 이루고 있다. 먼저 김혜원 외(2018)는 사회적경제의 활성화를 촉진하기 위하여 현재의 인증제에서 등록제 도입을 주장하고 있다. 또한, 황영모 외(2018)의 연구는 사회적경제 혁신타운 조성의 타당성 조사를 수행한 바 있다. 이를 바탕으로 2019년 5월 혁신타운 조성지로 전라북도 군산과 경상남도 창원을 선정한 바 있다. 2020년에는 대전,

대구, 충남이 선정되었으며 이 사업을 통해 지역 사회적경제 기업의 전 주기적 성장에 필요한 기술혁신, 창업지원, 시제품 제작, 네트워킹 공간구축 등에 대한 건축·장비 등을 지원할 계획이다. 혁신타운 조성사업의 목적은 사회적경제의 협업·네트워킹·혁신을 위한 인적·물적 거점 구축을 통한 통합지원체계 및 사회적경제의 생태계구축에 목적을 두고 있다. 향후 사회적경제 지원조직 즉 사회적경제지원센터, 연대회의, 협의회, 각종 연합회 등 다양한 지원조직을 물리적으로 집적화하여 사회적경제기업에 대한 통합 지원체계를 구축하고 지자체 보조사업(국비 50 : 시비 50)으로 설계비, 건축비(부지제외), 장비구축비, 시설부대비 등을 지원할 계획이다. 이 사업을 통해 협업·집적화, 지역산업 연계 등을 통한 기술혁신 성장지원, 주민 직접 고용 및 지역공동체 활성화로 지역 문제가 해결될 것으로 기대하고 있다. 새로운 제도도입의 경향으로는 조영복 외(2014)의 사회성과 연계채권의 도입, 조재욱(2013)의 화폐 정치의 도입, 황영순(2016)의 사회적 금융 활성화, 이정표(2008)의 평생학습계좌제도 도입 등 현재 사회적경제의 현장에서 도입되고 있거나 도입될 예정인 제도에 대해 논의하고 있다.

다음은 사회적경제정책의 법적 제도화과정에 관한 연구이다. 다음 <표 4>에 제시한 바와 같이 사회적경제의 제도화과정에 관한 연구 내용은 주로 제도화방안, 사회적경제 법 제도, 사회적경제 기본법안에 따른 제도화과정, 성과관리제도, 지원제도 등이 중심을 이루고 있다. 이러한 연구로는 김기태(2017)의 지역발전 전략으로서 사회적경제 제도화방안 및 정책 제안, 강순화

**표 4. 사회적경제정책의 제도화과정**[3)]

| 정책 대상 | 연구자 | 주요 내용 |
|---|---|---|
| 사회적 경제의 법적, 행정적 제도화 과정 | 금성근 (2017) | 부산지역 사회적경제 생태계구축을 위해 정보공유·제도 정비 등 유기적 결합 필요 |
| | 김기태 (2017) | 지역발전 전략으로서의 사회적경제 제도화 방안 및 정책 제안 |
| | 강순화/전영옥 (2018) | 사회적경제의 법, 제도 및 조직에 관한 연구 |
| | 이홍택 (2019) | 충청남도 사회적경제의 발전과 제도적 동형화 |
| | 이은선/이현지 (2017) | 사회적경제의 개념과 발전, 제도화: 폴라니의 이중적 운동을 중심으로 |
| | 최예나 (2019) | 사회적 자본이 사회적 경제조직 참여에 미치는 영향에 관한 연구 : 민주주의 인식도와 제도적 소통의 조절 효과를 중심으로 |
| | 김학실 (2017) | 사회적경제 제도화과정에 대한 비판적 담론 분석: 사회적경제 기본법(안) 입법 과정을 중심으로 |
| | 장동일/한준 (2019) | 사회적기업 종사자의 이직/잔류 의도에 제도적 요인이 미치는 영향 |
| | 장봉진/조주연 (2016) | 사회적경제 활성화를 위한 성과관리제도 발전과정에 관한 연구: A공단을 중심으로 |
| | 이규천/김창호 (2011) | 농촌지역 사회적기업의 발전을 위한 지원 및 제도 개선방안 |
| | 장우진 (2010) | 사회적기업의 활성화 방안: 충청북도의 제도적·행정적 지원체제를 중심으로 |
| | 김동택 (2017) | 풀뿌리 민주주의의 제도적 기반: 사회적경제를 중심으로 |
| | 박영선 (2015) | 정부의 민간공익활동 지원제도 연구 - 시민사회조직 지원법을 중심으로 |

3) 이 표는 선행연구 분석내용을 정리하여 연구자가 작성하였다.

외(2018)의 사회적경제 법, 제도 및 조직에 관한 연구, 이은선 외(2017)의 사회적경제의 개념과 발전 제도화, 김학실(2017)의 사회적경제 제도화과정에 대한 비판적 담론 분석, 박영선(2015)의 정부의 민간공익활동 지원제도 연구-시민사회조직 지원법을 중심으로 등이 있다.

사회적경제의 정책적 추진 방향과 개선방안에 관한 연구는 다음 <표 5>에 제시한 바와 같다. 사회적경제의 추진 방향이나 개선방안에 관한 연구는 지방자치단체나 지역사례연구, 거버넌스 측면, 정부의 정책적 방향 등이 주요 내용으로 구성되어 있다. 이러한 선행연구의 사례를 살펴보면 최정은 외(2019)의 기초자치단체가 사회적경제 활성화에 미치는 영향 연구, 송원근 외(2020)의 사회적경제 생태계 분석: 경남 사례, 김기태(2018)의 사회적경제 거버넌스의 의미와 추진 방향, 송두범(2011)의 지방자치단체의 사회적경제 추진현황 및 향후 과제, 김혜원(2017)의 사회적기업 정책 10년의 평가와 개선과제, 송정현(2017)의 산학관 연계를 통한 사회적기업육성과 지역경제 활성화 방안 등 다양한 사회적기업의 평가를 통한 개선방안과 정책 추진 방향을 제시하고 있다.

표 5. 사회적경제의 정책적 개선과 추진방안4)

| 정책 대상 | 연구자 | 주요 내용 |
|---|---|---|
| | 최정은/최영준 (2019) | 기초자치단체가 사회적경제 활성화에 미치는 영향에 관한 연구 |
| | 송원근/이은선 (2020) | 사회적경제 생태계 분석: 경남의 사례를 중심으로 |
| | 국승용/임지은/이형용(2019) | 농촌지역 사회적경제 발전을 위한 정책과제 |
| | 전지훈/홍은일 (2018) | 사회적경제기업의 정책 수요와 경제적 성과의 영향 관계 분석: 충청남도 사회적경제 기업을 대상으로 |
| | 김기태 (2018) | 지역 단위 사회적경제 거버넌스의 의미와 추진 방향: 사회적경제 정책론 (2) |
| 정책적 추진 방향과 개선 방안 | 임영언/유근준 (2019) | 사회적경제 관점에서 도시쇠퇴의 공간 지리적 특성과 도시재생의 정책적 추진방향 고찰 -대전광역시 대덕구 오정동의 지역사례를 중심으로- |
| | 조세종 (2018) | 사회적경제, 정부정책과 대전의 현황 및 전망 |
| | 변종순 (2018) | 사회적경제정책에 있어 전통 공동체조직 활용에 대한 연구 |
| | 이홍택 (2018) | 사회적경제기업의 지속 가능한 지역생태계에 관한 개념 틀: 호혜, 배려와 공공정책 |
| | 김기태 (2017) | 지역발전 전략으로서의 사회적경제 제도화 방안 및 정책 제안 |
| | 최석련/김희연/이재광 외 1명 | 경기도 사회적경제 실태와 정책 방향 |

4) 이 표는 선행연구 분석내용을 정리하여 연구자가 작성하였다.

| 정책 대상 | 연구자 | 주요 내용 |
|---|---|---|
| | 조우석 (2013) | 지난 정부의 사회적경제 정책 평가 |
| | 송두범 (2011) | 지방자치단체 사회적경제 정책추진현황 및 향후 과제 : 충청남도를 중심으로 |
| | 함창모 (2012) | 사회적경제 사업체 사례조사 및 정책적 시사점 |
| | 김종걸 (2012) | 사회적경제와 복지국가 : 정책과 대안 |
| | 정기석 (2015) | '귀농촌인 공동체사업 협동 경영체' 정책지원 목적의 '농촌 유휴시설 지역공유 사회적경제 자산은행' 설립 및 운영방안 연구 |
| | 정재민 (2019) | 사회적기업의 지원정책 동향과 관광 분야 적용 사례 |
| | 김혜원 (2017) | 한국 사회적기업 정책 10년의 평가와 개선과제 |
| | 송정현 (2017) | 산관학 연계를 통한 사회적기업육성과 지역경제 활성화 방안 |
| | 나승권/김은미/최은혜(2017) | 국제사회의 공유경제 추진현황과 시사점 |
| | 강수현/이수형 (2019) | 지역사회 주민의 사회적경제에 대한 인식과 가치 소비 태도에 관한 연구 |
| | 송미/윤희정 (2019) | 문화·관광 분야 사회적경제 조직간 협력네트워크 및 지역사회 기여 : 춘천시 사회적경제 조직을 대상으로 |

제3장

# 한국 사회적경제의 제도화와 정책형성

제1절 사회적경제의 제도화과정

제2절 사회적경제의 시기별 형성과정

제3절 사회적기업진흥원 설립과
사회적기업 유형

제4절 사회적기업 지원대상 및 지원방법

제5절 사회적기업 육성법 이후 정책 동향

제3장

# 한국 사회적경제의 제도화와 정책형성

## 제1절 사회적경제의 제도화과정

사회적경제는 사회적 문제를 해결하기 위해 시장메커니즘을 활용하는 기업조직을 말한다. 사회적 가치뿐만 아니라 경제적 가치도 추구하는 조직의 하나이다. 일반적으로 사회적경제기업에 요구되는 요건으로서는 '사회성', '사업성', '혁신성' 등 3가지를 들 수 있다. 사회성은 사회적 목적이 있을 것, 사업성은 시장메커니즘을 활용한 사업을 전개하고 있을 것, 혁신성은 사회적 문제의 해결을 위하여 새로운 상품이나 사회서비스를 제공할 것, 혹은 이러한 것을 제공하는 구조인 소셜이노베이션을 발휘할 것 등을 말한다. 사회적경제에는 비영리법인, 주식회사, 합동회사, 중간법인, 생활협동조합 등 영리와 비영리를 막론하고 다양한 조직형태가 있으며 특별히 범위가 정해져 있는 것은 아니다.

영국이나 미국 등 유럽과 북미에서 사회적경제는 사회적 문제의 해결과 사회서비스제공을 목적으로 하는 시민생활의 실천에서 발생하며 자연스러운 형태의 기업조직으로 발전한 사례가 많고 당연한 조직으로 인식되고 있다. 일본에서는 이러한 사회적경제에 대하여 다양한 측면에서 주목받고 있지만, CSR과 비교하면 여전히 이해가 부족한 상황이다. 물론 사회적경제의 형태가 사회적이라는 의미에서 각 국가가 가지고 있는 고유한 사회성에 의존하고 있는 측면이 있다(羅一慶, 2015).

한국은 2006년 12월 '사회적기업육성법'이 성립되어 2007년 7월부터 시행하고 있다. 이것은 이탈리아의 협동조합이나 영국의 사회적기업 모델을 한국경제사회시스템에 그대로 수용한 형태이지만 아시아에서 처음으로 법 정비를 통해 육성정책을 전개하고 있다는 점에서 큰 의의가 있다(駒崎ナエコ·小倉綾乃, 2013).

## 1. 사회적경제 형성 배경과 요인

한국 정부가 사회적경제를 추진한다는 목표로 사회적기업 육성법을 성립시킨 계기가 된 것은 1997년 IMF경제위기 이후로 급여 수준이 낮은 비정규직의 증가, 경제적 격차의 확대와 실업자(취약계층)의 증가라는 사회적 문제들이 출현하여 이에 대한 대응과 사회적 문제 해결을 정부가 시민활동과 사업을 연계하여 추진하고자 했기 때문이다.

사회적경제는 빈곤 등 사회적 문제의 해결을 목적으로 한 시민활동과 사업으로 생각하면 역사적 전개과정은 1960년대 군사

쿠데타에 의한 군사정권이 성립되면서 시작되어 1990년대에 본격화된 빈민운동이라 할 수 있다. 1963년부터 1993년까지 계속된 군사정권은 국내 재벌기업을 우대한 경제성장을 우선으로 외자 유치와 수출주도의 경제개발정책으로 공업화와 도시화와 더불어 급속히 팽창한 도시의 빈곤층을 발생시켰고 사회보장제도나 노동자에 대한 권리는 등한시하였다.

이러한 도시의 빈민운동을 1960년대 말까지 주도한 것은 주로 '수도권특수선교위원회' 등의 기독교계 목사들이었다. 1970년대 들어서면 '한국기독교학생총연맹'의 학생들이 합류하여 많은 사회운동가가 빈민운동에 뛰어들었다. 1990년대 1인당 GDP가 4,000달러를 넘어서도 빈민층의 생활환경은 나아지지 않았다. 도시빈민층의 문제해결에 중요한 것은 안정적인 고용과 소득을 어떻게 확보할 것인가의 문제였다. 고용과 소득에 대한 자조적인 문제해결로서 등장한 것이 '생산공동체운동'이었다. 빈민운동을 주도한 선교사와 활동가들은 가난한 노동자로부터 중간착취를 없애는 방법으로 생산공동체운동을 시도했다. 이 방법은 협동조합방식으로 사회적기업육성법의 성립에 크게 기여하여 법률 성립 후 많은 기업체가 사회적기업으로 인증을 받는 '자활기업'의 등장에도 영향을 미쳤다.

생산공동체는 지역 주민의 주체성을 중시했지만, 선교사나 활동가의 지원은 노동자의 의존적인 체질을 만들어내고 스스로 일하려는 의욕상실의 문제가 발생했다. 또한, 빈민층 지역 주민은 특별한 기술이 없어서 종사할 수 있는 사업내용이 제한되고 봉제나 건설 분야 등의 사업을 시작했지만, 전문성이 부족하고 가치관의 결여 등의 원인으로 소수만이 성공했다. 사회 활동가들은 이러한 운동을 추진하는 방안으로 빈민층 주민을 구제하여 의식을 높여가는 방법을 고안했지만, 실제 사업으로 가능한 업종이 봉제나 건설과 같은 단순노동의 분야에 한정되거나 내용의 전문성, 자격 부족의 문제를 해결하지 못하여 사업으로 자립하는 것도 매우 힘들었다.

1993년 김영삼 정부는 군사정권이 주창해온 사회적 경제체제의 국가를 선진자본주의로 전환하기 위하여 OECD(경제협력개발기구)의 가입을 목표로 삼았다. 국가정책담당자들은 1996년 OECD에 가입하기 위해 글로벌적 시점에서 한국의 사회경제를 전체적인 측면에서 분석하게 되었다. 그리고 사회보장제도의 미비나 사회서비스의 부족을 인식하였다. 이 기간 정부는 빈곤층의 자립을 지원하는 방안으로 생산공동체운동에 착안하여 행정을 지원하는 빈민층의 자활 지원사업을 제도화하였다. 이들 활동가의 노력으로 1996년에는 전국 5개소에 '자활지원센터'를 설립하였다. 이후 1999년까지 20개소가 증설되었다. 이러한 지원사업은 정부와 시민단체가 협력하여 만들기 시작하였으며 센터의 인건비와 시설에 관한 비용이 예산으로 책정되었다. 산업의 합리화와 경쟁력의 강화로 마침내 1996년 OECD에 가입하였으며 선진자본주의국가로 진입했지만 1997년 IMF 경제위기를 맞이하게 되었다(姜美羅·落合俊郎, 2011: 39-50).

## 2. IMF 외환위기와 전환기

IMF 외환위기는 한국전쟁 이후 최대 국난으로 GDP는 1996년부터 1998년까지 급락하여 실업률도 5배 이상 급증하였다. 이러한 경제위기 가운데 김대중 대통령이 취임했다. 김대중 정부는 IMF로부터의 융자조건을 수용하여 노동시장의 유동화를 추진하였다. 그리고 빈민을 구제하는 사회보장제도의 구축를 급선무로 사회개혁을 시도하였다. IMF위기는 시민사회에 커다란 충격을 주었다.

1998년에는 종교계, 매스미디어, 시민단체, 경제계가 모여 '실업극복국민위원회'가 결성되어 모금활동을 통해 1,000억 원 이상의 기금을 모금했다. 이 기금은 실업자와 가정생활의 안정, 일자리창출과 지원에 활용되었다. 대량실업에 대응하기 위하여 대규모 공공근로사업 개시와 시민사회단체 대상의 사업이 진행되었다. 공공근로사업은 재정지원으로 유지되는 임시 취업이었기 때문에 개선책으로서 고용의 연속성이 보장되는 안정적인 직장만들기의 필요성이 제기되었다. 이러한 과정에서 유럽을 중심으로 정착된 사회적경제에 대한 논의가 주목받기 시작했다.

1998년 3월 이후 IMF 외환위기에 의한 빈민층의 급증으로 시민운동조직으로서 1994년에 결성된 '참여연대'가 활동의 중심에서 한국 사회보장제도의 실태를 논의하기 시작했다. 1998년 7월에는 국민기초생활보장법의 제정으로 국민청원 및 제정요구대회가 개최되었다. 참여연대는 처음 166명의 회원으로 출발하여 2000년에는 1만 명이 넘는 대규모조직으로 발전하였으며 시민활동형의 운동조직으로 가장 성공한 사례가 되었다. 1999년 3월에는 경제정의실천시민연합과 한국노동조합총연맹, 노동, 종교, 여성, 법조계, 빈민단체 등 한국의 주요 시민단체가 연대하여 '국민기초생활보장법제정추진연대회의'를 결성하였다. 같은 해 8월에는 근로 능력과 관계없이 국민의 생존권을 보장하는 '국민기초생활보장법(2000년 시행)'이 제정되었다. 이것은 시민단체가 주체된 시민입법으로 실현되어 시민운동의 시대를 상징하는 것이 되었다. 이 법률에는 자활지원사업도 포함되었다. 1996년에 설치된 '자활센터'는 '국민기초생활보장법'의 시행과 동시에 '자활후견기관'이 설립되어 과거 20개소였던 것이 2001년에는 157개소로 증가하였다(桔川純子, 2010).

## 3. 사회적기업 육성법 제정

노무현 정부(2003~2008년)는 경제성장에도 불구하고 고용이 감소하는 '고용 없는 성장'과 워킹푸어의 출현으로 '신 빈민층'을 인식하였다. 이것은 정부나 시민사회에 대하여 취업과 사회서비스의 중요성을 재인식하는 계기가 되었다. 2003년 고용노동부는 고용창출과 사회서비스제공을 목적으로 하는 '사회적일자리창출사업'을 시작했다. 이 사업은 인건비 지원, 사업내용은 정부주도가 아닌 민간 NPO, 사회적 문제해결을 목적으로 재정적 자립도가 높은 사업을 우선하거나, 행정과 민간기업의 연계강화를 도모하는 사업의 우선 등이 특징이었다. 또한, NPO가 사업의 주체가 되어 사업목적은 공공 사회서비스를 제공하는 것이 이 사업의 핵심이었다. 그러나 고용창출은 어느 정도 달성했지만, 저임금과 사회서비스의 제공대상이 취약계층에 한정되어 정책지지를 얻기 위한 재정기반을 지탱하는 중산층까지의 서비스 제공은 재원 부족으로 시행되지 못했다.

2005년 당시 한나라당 의원이 국회에 법안을 제출함으로써 사회적기업에 대한 법제화가 시작되었다. 또한, 고용노동부, 보건복지부, 기획재정부 등의 정부 기관, 사회적경제 연구자, 사회적 고용창출에 관한 현장 전문가로 구성된 '사회적 취업 TF'가 결성되어 '취약계층'을 대상으로 사회적기업의 법안작성, 국회의원, 시민단체 관계자들 간 법제화를 위한 논의가 진행되었다. 2006년 12월에는 '사회적기업 육성법'이 국회를 통과하여 2007년 7월부터 시행되었다. 이러한 상황에서 취약계층(저소득자, 고령자, 장애인, 장기 실업자 등)을 생산적 복지로 지원하는 '사회적기업 육성법'이 시작되었다.

사회적기업 육성법은 사회적기업의 설립과 운영을 지원하고 육성하여 사회에서 제대로 공급할 수 없는 사회서비스를 확충하고 새로운 고용창출로 사회통합과 국민 생활의 질적 향상을 도모하기 위하여 '사회적기업'의 기준을 정하고 '인증'을 받은 기업에 대하여 지원하는 것을 기본으로 하고 있다. 이 법에 따르면 '사회적기업'은 취약계층에 사회서비스 혹은 일자리를 제공하여 지역주민의 삶의 질을 제고 하는 등 사회적 목적을 추구하면서 재화와 서비스의 생산 및 판매 등의 영업활동을 수행하는 기업으로써 동법 제7조에 의해 '인증'을 받은 기업체로 정의하고 있다. 이 때문에 사회적기업의 인증을 받지 않은 기업에 관해서는 법률에 따른 지원제도를 활용할 수 없고 사회적기업이나 이와 유사한 명칭을 사용할 수 없다. 지원받은 경우, 우대조치뿐만 아니라 경영적 측면의 제한도 있는데 사회적 목적을 위한 사회적기업이라도 순이익의 전부를 재분배할 수 없고 3/2 이상은 사회적 목적을 위해 재투자해야 한다. 또한, 사회적기업을 설립하려는 기업가를 대상으로 '예비사회적기업'으로 지정하는 제도가 수립되었고 정부도 적극적이고 구체적인 실천 자세를 명확히 제시하였다.

## 제2절 ▶ 사회적경제의 시기별 형성과정

### 1. 사회적기업의 초창기(2008년~2012년)

이 기간은 사회적기업의 제1차 기본계획으로 2008년 2월 취임한 이명박 정부는 당시 사회적기업에 관하여 관심을 보이지 않았지만, 노무현 정부의 사회적 기업정책을 계승하였다. 또한, 매스미디어 등을 활용한 사회적기업을 국민 대상으로 대대적으로 홍보하여 시민사회와의 친화적인 관계를 구축해나갔다. 이러한 덕분에 사회적기업 수가 조금씩 증가했지만, 기대에 미치지는 못했다.

또한, 정부가 상정하고 있었던 '사회적기업에 대하여 3년간의 재정지원 후 경영을 자립시킨다.'라는 점에서 뚜렷한 성과가 없었기 때문에 2010년 법을 개정하였다. 법 개정내용의 요점은 지원대상의 범위를 확대하였다. 여기에다 종래 사회적기업에서 일하는 '취약계층'이 고령자나 장애인이었는데 결혼이민 여성이나 경력단절여성을 새롭게 포함하였으며 '사회적 목적'의 요건을 확대하여 취약계층의 일자리창출에 주력하게 되었다.

고용노동부는 전문적인 사회적기업의 정책 실무를 수행하기 위하여 2011년 2월 '사회적기업진흥원'을 설립하였다. 또한, 전국 광역자치단체나 지방자치단체에 '사회적기업 지원 기본계획'의 책정을 의무화하였다. 이에 따라 지방자치단체에 인증에 대한 권한 이양을 논의하는 등 사회적기업육성정책의 확산을 도모하였다. 고용노동부의 사회적기업 지원정책의 예산은 계속해서 확대되어 2011년에는 1,600억 원을 초과하였다. 제1차 사회적기업 육성 기본계획의 주요 성과로는 인건비를 중심으로 한 다양한 지원정책에 의해 사회적기업 수의 증가와 일자리 창출에 따른 고용자 수의 대폭 증가라는 성과를 거두었다. 또한, 사회적기업진흥원의 설립으로 사회적 기업가에 대한 지원이 본격화됨에 따라 사회적기업 설립과 운영지원이 촉진되었다(加藤知愛, 2013).

## 2. 사회적경제의 발전기(제2차 기본계획 : 2013년~2017년)

2012년 12월 제2차 사회적기업 육성 기본계획이 공표되었다. 정부는 제1차 사회적기업 육성 기본계획에 따른 사회적기업 고용자 수의 대폭증가와 다양한 지원체계가 확립되었다는 점, 민간에서의 자발적 지원(CSR 등)이 확대되었다는 점 등을 높이 평가하였지만 몇 가지 문제점도 지적하였다. 이러한 문제점들은

“인건비 지원의 의존도가 높다. 사업형태가 일자리 제공형에 집중되었다. 지원기관의 전문성이 부족하다. 현장 수요에 합치하지 않는다. 정부 정책주도에 편중되어 민간 등에 의한 다양한 자원의 연계 및 활용의 부족 등”이었다(山本隆, 2014).

이러한 제1차 사업성과를 바탕으로 제2차 사회적기업육성 기본계획에서는 경영의 질적 개선 등의 목표를 세워 사회적기업의 지속가능성을 높이고 가치를 확산하는 데 중점을 두었다. 이 때문에 사회적기업을 3,000개까지 늘리는 목표를 달성하기 위하여 사회적기업의 자립강화(판로개척 지원), 인건비의 지원방식 개선(고용의 질 등 기준에 의해 지원액과 지원 기간의 차이), 자금이나 투자지원 확대(사회투자펀드), 공공에 의한 우선구매(윤리 소비)의 확대 등 지원을 다양화하여 각각의 수요에 맞는 방향으로 경영개선을 촉진하도록 지원체계를 개편하였다. 2015년에는 취약계층의 고용 지속성을 높이기 위해 3년 이상을 고용한 경우 추가인건비를 보조하는 인센티브를 부여하는 방안도 검토되었다. 이러한 사업수행성과는 한국정부가 제2차 기본계획의 기간을 통해 사회적기업이 더욱 다양한 분야의 사업으로 확장되고 성장할 수 있도록 견인차 역할을 한 것으로 나타난다. 다음 <표 6>은 한국에서 사회적경제의 출현과정과 역사에 대하여 개괄하였다.

표 6. 사회적경제의 출현과 전개과정[1)]

| 연도 | 주요 내용 |
|---|---|
| 1945년 이후 | · 생산자협동조합 등 자생적으로 등장한 사회적경제 조직<br>일제강점기를 거치며 본격적으로 태동하기 시작한 사회적경제 조직은 해방 이후 신용협동조합, 소비자협동조합으로 점차 그 영역을 확대해 나갔음. 특히 국민건강보험제도가 전국적으로 시행되기 전 각 지역 단위로 만들어졌던 의료협동조합은 서민들의 든든한 버팀목 역할을 하였음. |
| 1997년 | · 사회경제적 패러다임의 변화<br>1997년 IMF 외환위기는 국민경제 전반에 거대한 변화초래. 정부가 실업과 빈곤 문제를 해결하기 위해 공공근로 및 자활, 사회적 일자리창출 사업 진행, 사회적 사업을 통해 창출되는 고용이 질적 수준이 낮고 지속가능성이 없는 일자리라는 비판이 지속적으로 제기되었음. |
| 2007년 | · 사회적기업 육성법 제정<br>변화하는 사회환경 속에서 정부는 시민사회와 자활정책 연구 모임과 같은 연구자들이 제안했던 사회적기업의 설립과 법적 지원에 대한 필요성을 적극적으로 검토하여 2007년 6월 '사회적기업 육성법'을 공포하고 7월부터 시행. |
| 2008년 | · 제1차 사회적기업육성 기본계획 수립<br>사회적 일자리 창출사업의 단계적(예비) 사회적기업 전환, 예비사회적기업 지정 제도도입, 사회적 기업가 육성사업 등을 통한 사회적 기업가 양성 등의 계획 수립. |
| 2011년 | · 한국사회적기업진흥원 설립<br>사회적기업의 발굴과 육성을 전담 지원하기 위해 한국사회적기업진흥원 설립. |
| 2012년 | · 제2차 사회적기업육성 기본계획 수립<br>온라인/오프라인 판매 채널과 공공구매를 확대하고 맞춤형 컨설팅을 확대하는 등 사회적기업의 지속가능성 강화에 관한 내용 포함. |
| 2017년 | · 사회적경제 활성화 방안 발표·사업개발비 지원범위 확대<br>범정부 차원의 사회적경제 활성화 방안 발표로 사회적기업에 대한 다양한 정책적 지원확대. 사회적기업에 국한되었던 사업개발비 지원이 다양한 사회적경제 기업으로 확대. |
| 2018년 | · 제3차 사회적기업육성 기본계획 수립<br>사회적기업 저변 확대와 사회적 가치 중심의 사회적기업 지원, 지역과 민간중심의 지원체계 조성, 사회적경제 성장 생태계 조성에 관한 내용 포함. |

1) 이 표는 본 연구에서 기술한 내용을 바탕으로 연구자가 작성하였다.

## 제3절 사회적기업진흥원 설립과 사회적기업 유형

### 1. 사회적기업진흥원의 역할

사회적기업진흥원은 2011년 2월 설립된 고용노동부 관할의 정부 직할기관(정부 100% 출자)으로 사회적기업 육성법에 따라 종적 행정의 경계를 초월하여 사회적기업과 행정과의 연락조정과 중간조직의 지원을 종합적으로 지원하는 조직이다. 진흥원은 경영기획 사업부, 창업 기업지원사업부, 루트판매지원사업부, 협동조합사업부 등 4개 부문과 8개 팀으로 구성되어 있다.

사회적기업진흥원은 사회적기업 육성법에서 주로 현장 사회적기업과 행정과의 조정, 중간지원조직을 측면으로부터 지원하는 등 두 가지를 수행하도록 규정되어 있다. 업무 내용으로서는 사회적 기업가의 성과와 사회적기업의 양성, 사회적기업 모델의 발굴 및 사업화 지원, 사회적기업의 모니터링 및 평가, 업종과 지역 등 전국 단위의 사회적기업 네트워크구축과 운영지원, 사회적기업의 인터넷 사이트 및 종합정보시스템의 구축과 운영지원, 기타 사회적기업 육성법 혹은 다른 법령 등에 위탁된 사회적기업과 관련된 사업 등이 있다.

또한, 고용노동부로부터 사회적기업진흥원에 대한 위탁업무는 사회적기업 활동에 관한 실태조사, 사회적기업의 인증에 관한 업무, 사회적기업의 설립 및 운영에 필요한 전문인력육성과 사회적기업에 근무하는 종업원의 능력향상을 위한 교육훈련 등이 있다. 사회적기업의 인증 프로세스에서는 고용지원센터 등이 수행했던 창구업무도 사회적기업진흥원이 일괄적으로 담당하고 있다.

한국의 사회적기업 육성법제정의 중요한 계기는 사회적 격차의 확대, 빈곤과 실업자 문제(실업자대책 등)에 있었다는 점이다. 이것은 빈민운동으로부터 시민 사업을 거쳐 사회적기업으로 전개한 것으로 볼 수 있다. 또한, 육성법의 성립과 이에 따른 진흥정책을 통해 사회적기업이 성장하고 한국에서의 사회적 지위를 확립했다고 볼 수 있다. 이와 같은 점에서 사회적기업을 이해하기 위해서는 그 나라의 역사와 생활경제를 이해하는 것이 매우 중요하다.

한국에서 사회적기업은 현재 성장기가 계속되고 있다. 그러나 제2차 사회적기업육성 계획(2013년~2017년)에서 인증사회적기업의 설립목표가 3,000건인데 비해 2014년 12월 시점에서 1,186건, 2019년 12월 기준으로 2,435건으로 나타났다. 사회적기업이 계획대로 성장하지 않는 요인으로는 사회적기업가 양성이 제대로 진행되지 못하기 때문으로 파악된다. 따라서 향후 어떻게 사회적 기업가를 발굴하고 육성하여 사회적기업의 창업으로 연계해 나갈 것인가가 중요한 문제로 떠오르고 있다. 이를 위해서는 먼저 사회적 목적과 비즈니스를 일반인들도 제시할 수 있는 환경을 정비해나가면서 사회적기업을 육성하고 지속가능한 기업체로 성장시키는 사회적 비결이 필요하다. 또한, 사회적기업의 지속가능성을 확보하기 위해서는 육성법과 지원제도, 혹은 진흥책에서는 해결할 수 없는 사안을 포함하여 정부지원뿐만 아니라 중간지원의 역할을 담당하는 기관의 창출이나 그러한 역할을 담당할 수 있는 대기업의 CSR 사업이 중요할 것으로 생각된다.

## 2. 사회적기업의 유형

사회적기업은 고용 재제공형, 사회서비스의 재제공형, 혼합형, 지역사회 공헌형으로 분류할 수 있다. 한국의 사회적기업 육성정책에서 활용되고 있는 사회적기업의 개념은 유럽이나 미국의 사회적기업을 모델로 삼고 있지만, 한국 내 상황에 따라 모델을 정립하고 있다. 비영리-기업 연계형 운영모델은 기존 복수의 사회적기업에 의한 새로운 기업의 설립, 다양한 형태의 연계(공동투자, 협력, 라이선스 계약 등)를 상정한 사회적기업 모델을 규정한 것이 특징이다. 사회적기업을 지향하는 기업가는 이러한 개념 정의를 이해하고 사회적기업의 이념과 창업모델을 파악하여 사업화를 검토하는 것이 필요하다. 또한, 이 사업과 관련된 다양한 주체의 통일된 개념 정의, 유형, 운영모델을 제시하는 것은 정책형성 및 집행구조의 형성을 촉진하는 데 기여할 것으로 생각된다.

**표 7.** 사회적경제 유형과 운영방법 (채종헌·이종한, 2009)

| 운영 모델 | 운영 방법 |
|---|---|
| 고용 중심형 | 주로 노동시장에서 취업이 어려운 취약계층 대상 |
| 시장 중개형 | 목표 집단(영세상점 등)의 서비스나 제품의 대행 판매 |

| 운영 모델 | 운영 방법 |
|---|---|
| 서비스 보조금형 | 외부시장에 제품과 서비스를 판매한 수익금으로 목표 집단에 보조금을 제공하는 방식 |
| 조직지원형 | 모 기관의 목적사업을 위해 재정 창출 |
| 시장 연계형 | 목표 고객이 되는 상점, 수공업자, 소기업 등의 시장거래 관계를 용이하게 하는 서비스 제공 |
| 서비스 요금형 | 목표 집단에 직접 사회서비스를 제공하여 수익을 창출하는 방식 |
| 창업가 지원형 | 사회적기업은 사업지원 및 금융서비스 판매 |
| 비영리-기업연계형 | 사회적기업과 일반 영리기업의 상호 호혜적 관계<br>· 다양한 형태의 협력과 연계(공동투자, 협력, 라이선스 협약 등)<br>· 기존 사회적기업과 협력, 새로운 기업을 공동으로 창업하는 예도 있음 |

## 제4절 사회적기업 지원대상 및 지원방법

### 1. 지원대상

사회적경제 정책으로서 사회적기업 육성사업의 장점은 두 가지가 존재한다. 첫째, 자활기업이나 사회적 일자리창출사업 등의 사례와 같이 사회적 배제자를 포용하려는 정책이다. 그 결과 국민은 국가로부터 버림받지 않았다는 것을 의식하여 자존감이 높아진다. 이러한 의식의 양성은 사회 전체의 노동환경을 향상시켜 빈곤율의 저하를 초래하는 하나의 요인이 될 수 있다. 둘째, 빈곤과 소득격차의 시정, 노동환경의 개선책으로서의 사회정책의 특징을 제시하고 있다는 점이다. 대기업종사자와 중소기업종사자 간의 소득 격차를 시정하여 과혹한 노동조건으로부터 은퇴 노동자를 포용하기 위한 대책으로 사회적기업가의 창업지원이 진행되고 있다.

사회적기업은 취업이 곤란한 사람이 '바람직한 노동환경의 출현'이라는 가치창조를 동반하여 스스로 직업을 창출하고 경영자가 되어 타인을 고용하는 방안을 제시하고 있다. 여기에 사회적경제 정책의 가장 본질적인 의미가 있다.

그러나 사회정책으로서 사회적기업 육성정책의 문제점은 두 가지가 있다. 첫째, 사회적기업에 대한 인건비 등의 재정지원에 대한 것이다. 창업 전후 가장 필요로 하는 지원이지만 지원의 장기화는 정부에 대한 의존도를 높이고 사회혁신의 수행을 약화시키는 위험성이 존재한다. 둘째, 사회적기업의 인증제도로 인증받는 문제이다. 이 제도에서는 정부가 취약계층에 대한 사회서비스 제공을 수행하는 사회적기업을 인증하기 위해 정부 취향에 맞는 사업이 채택되기 쉽고 사회적 약자에 대한 서비스 제공자라는 이미지의 고정화를 초래할 가능성이 존재한다.

한국과 비교하여 일본에서 사회적경제 정책형성에 응용 가능한 요소로서 다음 4가지의 시사점을 들 수 있다. 첫째, 사회적기업, 사회적기업 육성정책의 이론, 방법론의 정책연구로부터 시사점이다. 이것은 일본형 사회적기업의 개념, 역할, 유형, 운용 모델의 이론적 확립에 대한 유익이다. 둘째, 사회적기업 육성정책의 제도 및 시책의 정책형성 실천사례연구로부터 시사이다. 이것은 정부와 지방자치단체가 사회적기업의 정책화를 의도할 때 선행모델을 제시한다. 셋째, 사회적경제 육성정책이 시행된 결과로 나타나는 문제분석 및 평가검토 사항으로부터의 시사이다. 이것은 사회적기업육성정책의 실시과정에서 발생한 문제를 살펴봄으로써 일본에서 같은 문제가 발생하는 것을 사전에 방지하는 정책 입안의 여지가 생긴다. 넷째, 한국의 고용창출사업과 관련하여 정부와 지방자치단체 간의 정책형성 상의 괴리와 종적 관료기구를 초월하여 정책적 통합을 시도할 때 그 방법론의 제1안을 제시하고 있다.

한국의 사회적기업 육성법에서는 사회적기업을 취약계층에 대한 사회서비스 혹은 고용을 제공하거나 지역사회에 공헌함으로써 지역주민 생활의 질적 향상 등의 사회적 목적을 추구하면서 재화, 서비스의 생산 판매 등 영업활동을 수행하는 기업으로 제7조에 의해 인증받은 기업을 말한다. 여기에서 사회적기업의 인증제도와 취약계층을 대상으로 초점을 두고 있다는 점이 일본 NPO 법인이나 사회사업법인과는 다른 점이다.

## 2. 지원방법

일본에서 사회적기업에 대한 명확한 지원근거는 아직 존재하지 않지만, 한국 사회적경제의 조직형태에 관한 인증요건은 민법상의 법인, 조합, 상법상의 회사 합자 조합, 특별법에 따른 법인 혹은 비영리민간단체 등 대통령령이 정하는 조직형태를 갖추도록 요구하고 있다(제8조). 또한, 사회적 목적 실현의 판단기준으로써 취약계층에 대한 고용 혹은 사회서비스를 일정의 비율로 제공하도록 요청하고 있다(金淳陽, 2010: 201~234).

인증된 사회적기업에 대해서는 경영지원, 교육훈련지원, 시설비 등 지원, 공공기관에 의한 우선구매, 세금감면 및 사회보험료 지원, 사회서비스를 제공하는 사회적기업에 대한 재정지원, 연계지원 등에 대한 세금감면 등을 사회적기업 육성법 제9조에서 정하고 있다. 그러나 인증과 재정 지원사업은 별도로 운영되어 인증은 정부 지원사업에 신청 가능한 자격을 부여하고 있다. 예를 들면, 재정지원에서는 인건비 지원이 2~3년으로 기간이 정해져 있어 기간만료 후 곤란이나 압박이 가중되는 비판에 직면하고 있다(文玉杓, 2011: 1~30).

## 제5절 사회적기업 육성법 이후 정책 동향

한국 사회적기업 육성법의 성립에 따라 지방자치단체도 사회적기업육성의 제도화를 위해 노력하고 있다. 2011년에는 전국 광역자치단체, 기초자치단체에 사회적기업 지원 기본계획의 책정이 의무화되어 지방자치단체로 인증 권한의 이양이 논의되는 등 사회적기업 육성정책의 확대가 시도되었다. 최근 동향으로서 행정안전부에 의한 지역공동체 일자리창출사업, 지식경제부의 커뮤니티비즈니스 모델사업, 농림수산식품부의 농어촌 공동체 회사 설립 등의 정책, 민간기업과의 연계 등에 의해 사회적기업 지원을 확대하는 방안이 모색되고 있다. 또한, 2010년 12월 사회적기업의 인증을 비롯한 업무를 일원적으로 관리하는 사회적기업진흥원이 설립되었다.

사회적기업은 사회적 목적을 추구하면서 재화와 사회서비스의 생산과 판매 등 영업활동을 수행하는 기업(조직)이라는 실질적인 요건 이외에도 사회적기업 육성법의 규정에 따른 절차에 의해 고용노동부로부터 인증을 받아야 한다. 인증요건은 조직형태(사회적기업 육성법 제8조 제1항 및 동법 시행령 제8조), 유급근로자고용, 사회적 목적 실현, 의사결정 구조, 영업활동을 통한 수익기준, 정관 및 규약의 준비, 사회적 목적을 위한 재투자, 사회적기업의 업종 및 유급근로자 수 등 8항목이다.

사회적기업 육성법 시행 이전에는 비즈니스와 사회운동의 두 가지 측면을 가진 사회적기업이 일반사회로부터 인식되기 어려운 측면이 있었는데 인증제도에 의해 기존 기업체 혹은 사회 공동체와 별도의 개념인 사회적기업의 존재를 국가로부터 획득하게 되었다. 인증을 받은 사회적기업은 다양한 지원을 받을 수 있다.

사회적기업의 문제로서는 민간의 창조성 상실, 비즈니스 훈련 부족, 상품과 서비스 가격경쟁력 약화, 규모 경제의 혜택에서 소외, 저비용의 판로확보 곤란, 사업수익성과 사회성의 양립 곤란, 시민으로부터 품질에 대한 불신, 사회적 취약계층 대상의 복지사업이라는 사회적 평가, 자금조달의 어려움 등이 있다. 사회적기업 육성지원정책의 문제를 극복하는 데 필요한 시책으로서는 정부에 의한 사업개발연구비의 재정지원, 시민에게 윤리적인 소비의 환기와 실천, 민간기업에 의한 자금지원, 인증제도와 등록제도의 탄력적 운용, 민간 활력을 중시한 정책 입안, 중소기업 근무자 대신 창업지원, 마케팅 분야의 컨설팅 지원, 지방자치단체직원에 대한 사회적기업 이해의 촉진 등을 들 수 있다.

향후 사회적기업 정책화를 위해서는 국가 및 사회적기업진흥원에 대하여 다음과 같은 개선이 필요하다. 지방 각 지역에서의 창업과 정착, 양적 확대로부터 질적 향상을 도모하는 지원으로의 이행, 사회적기업 지원에 관한 책임을 다하기 위한 사회적기업의 모니터링 및 평가사업의 연구개발, 유능한 인재를 사회적기업가로 배출하는 지원시책의 강화, 민간기업과 지역자치단체조직 등과의 연계를 위한 네트워크 구축지원, 각 부처가 시행하는 관련 시책의 연계 및 역할 분담 등이다.

이상과 같은 실천 현장으로부터의 문제와 개선점에 대하여 한국정부는 사회적기업 육성 기본계획(2008~2012)에 의해 사회적기업에 대한 친화적 문화, 환경조성, 창의적 사업모델 발굴 및 신규설립 활성화, 사회적기업 경영혁신 지원, 사회적기업 육성시스템의 구축이라는 4개의 시책을 발표한 바 있다. 그리고 법 시행 후 5년이 지나면서 발생된 문제에 대응하기 위한 법 제도의 개정을 검토하였다.

한국정부가 주도하는 사회적기업 육성정책은 빈곤의 해소(복지정책)와 실업자 고용창출(사회정책)이 통합된 사회정책이라 할 수 있다. 그러나 본질에서는 빈곤으로부터의 탈피와 사회민주화운동을 진행하는 과정에서 탄생한 생산공동체운동의 계보와 연계되는 사회 혁신성이라 할 수 있다. 그리고 지역공동체형성의 움직임과 정부 복지정책(국민기초생활보장법 제정 등), 사회정책(자활지원사업, 사회적 취로사업 등)의 수행을 통합하는 정책형성의 노력 끝에 사회적기업 육성법이 성립되어 정책화를 위한 실천 노력이 반복되어왔다.

육성법 성립 후 지방정부에서도 이에 따른 조례화가 의무화되었고 중앙과 지방이 법체계의 일체화를 시도하고 있다. 사회적기업 육성정책형성에 직접 관련된 관할 부처, 지방정부 관계자, 시민단체, 사회운동 실천자 외에 간접적으로 관련된 이해관계자들도 많고 투입된 전문지식도 다양하다. 빈곤과 실업의 극복을 지향하는 사회서비스를 사업으로 하는 기업가가 탄생하여 이들 주체가 생활 관련 서비스, 지역 활성화 등의 분야에서 지역사회정책을 담당하게 되었다. 한국 사회적기업육성사업의 실천은 국내의 서로 다른 속성(각 부처, 의회 세력, 민간부문, 시민단체 등)의 구성원들이 참여하는 국가적 사업으로 성장하였다. 또한, 정책형성의 조성, 정책형성으로부터 정책집행, 실천으로부터 문제분석, 정책형성까지의 피드백이 매우 빠르게 진행되었다.

제4장

# 한일 사회적경제와 해외 혁신성장사례

제4장

# 한일 사회적경제와 해외 혁신성장사례

## 제1절 한일 사회적경제 제도화와 정책형성

### 1. 한일 사회적경제 제도화과정

한국사회적기업 육성법의 대상이 되는 조직형태는 민법에 따른 법인 혹은 조합, 상법에 따른 회사 혹은 비영리민간단체(제8조) 등으로 매우 다양하다. 그러나 이러한 조직의 요건을 충족하더라도 담당 행정관청의 인증을 받지 않으면 '사회적기업'이라는 용어를 사용할 수 없는 명칭독점조항(제19조)이 존재한다. 이 때문에 한국에서 사회적기업은 개념의 중요성보다는 지원제도의 일종으로 매우 좁은 의미로 사용하는 경향이 강하다. 이러한 경향은 기존연구들이 사회적기업 육성법을 독립변수로써 사회적기업의 인증, 정부 지원, 성과평가와 같은 단계별 기준개발과 적용, 각 단계 상호 간 연계의 필요성을 강조하고 있는 것에서도 알 수 있다(김순석, 2010: 201-234). 한편, 일정 기간 정해진 정부 지원의 기간만료로 인하여 사회적기업이 향후 본격적인 경쟁 시장에 직면할 경우, 사회적 약자 혹은 사회적 취약계층에 대한 안정적인 고용과 기업의 자율적인 존립이 매우 곤란하기 때문에 지역 특성을 반영해 나가기 위한 자치단체의 지원이 필수적이라는 의견도 있다(장우진 외, 2011: 107-131).

반면, 사회적기업의 제도 중심적 연구에서는 도시 저개발지역에서 주민수요에 따른 사회적경제정책의 적용 가능성을 주장한다. 이것은 지역 문제해결에 열정적인 주민들의 실행에 대하여 사회적경제정책은 매우 한정적인 역할을 부여하고 지역자원을 분산시킬 가능성이 있음을 지적한 것이다.

한편, 일본에서는 한신아와지(阪神淡路) 지진 시 복구 작업이 NPO 법인을 창출시킨 것과 같이 동일본지진(東日本地震)에서도 지역 문제를 극복하기 위해 노력하는 가운데 사람들의 수요에 대응하는 새로운 지역사회시스템이나 제도구축이 모색되었다. 특히 1995년 발생한 한신아와지(阪神淡路) 지진에서는 봉사활동의 중요성이 인식되었다. 그리고 이후 지진 봉사활동은 NPO법(특정비영리활동촉진법)의 제정으로 연결되었고 2012년 4월부터는 개정 NPO법의 시행에 따라 신인정제도나 기부제도와 연계되어 발전을 거듭하였다. 그러나 일본에서 NPO 법인의 인정 수가 증가하면서 의도했던 성과가 어느 정도 나타났지만 해결해야 할 과제도 그만큼 산적되었다. 이러한 가운데 일본 내각부에서는 사회적기업이라는 개념을 활용한 새로운 정책을 창출하려는 계획에 따라 '새로운 공공'이라는 원탁회의에서 사회적기업의 중요성이 언급되었고 '사회사업법인'의 추진이 검토되었다(根本真嗣, 2012: 41-42).

이처럼 일본에서 사회적경제가 주목을 받게 된 것은 1990년대부터이다. 사회적기업은 1980년대부터 1990년대 초반까지 사회적경제, 비영리섹터, 제3 섹터 등이 혼재되어 사용되는 경향이 강했지만, 종래의 민간섹터와 공공섹터에 속하지 않은 경제활동을 다루는 학문으로서 발전을 거듭하여 학계에 많은 주목을 받았다(富沢賢治他, 1995: 2)

한일 양국에서 사회적경제의 출현은 약간의 시간적 차이는 있지만, 이를 둘러싼 NPO 법인이나 사회적기업의 출현 등 흔히 제3 섹터에 관한 관심과 중요성은 전 세계적인 추세이며 그동안 많은 연구가 진행되어왔다. 그러나 일본의 1995년 NPO법 제정과 한국의 2007년 사회적기업 육성법이 시행된 이후 사회적경제 관련 많은 경험과 노하우가 축적됐지만, 한일비교를 직접 다루는 연구는 아직까지 미흡하다.

이상과 같이 한일 양국에서 역사적으로 1990년대 중반 이후 출현하기 시작한 사회적경제의 발생 동기나 형태는 비슷하지만 각기 다른 형태로 다양하게 출현한 사회적경제의 연구 성과를 분석하여 제도적 개혁의 모색이나 정책적 방안의 도출 및 지속가능성을 촉진하는 기부문화 조성의 중요성 등 다양한 정책적 문제들이 제기되고 있다.

이 장에서는 한국과 일본이 동시에 직면하고 있는 급속한 저출산 고령화와 경제적 격차의 확대라는 사회적 문제에 대응하기 위해 1990년대 중반부터 사회적경제라는 새로운 해결방안을 먼저 수용한 일본의 사례를 비교·분석함으로써 한국에서의 정책적 추진방안을 도출하는 데 있다.

따라서 이 장에서는 한일 양국에 공통으로 직면하고 있는 새로운 사회적 문제의 출현, 급속히 진전된 저출산 고령화, 임시계약직의 증가 등에 따른 사회적 배제문제에 대응하기 위한 사회적경제정책의 역할에 관해 한일 비교연구를 나누고자 한다. 따라서 향후 한일 사회적경제정책을 전망하는 차원에서 한일 사회적경제정책의 성과와 과제의 비교분석을 통해 한국 사회적경제정책의 제도적 수정 보완을 위한 기초적인 정책 방안을 제시할 것이다. 이를 위해 먼저 한일 사회적경제의 역사적 출현과 도입과정을 개괄하고 양국의 법적 제도적 정책의 입법 과정, 법적 제도화과정, 정책적 추진 방향과 개선방안 등의 분석을 통해 사회적경제정책의 적용과 활용의 차이점 등을 비교 분석하여 한국에서의 정책적 함의와 시사점을 제공하고자 한다.

전술한 바와 같이 한국에서 사회적경제의 출현은 1997년 아시아통화위기에 의한 국제통화기금(IMF)의 체제에서 사회구조개혁이 진행되는 가운데 고용구조의 이원화에 따른 임금 격차의 확대, 교육양극화문제의 표출에 따른 사회적 불안의 증대로 '사회적기업 육성법(2007년 시행)'이 성립되면서 비롯되었다. 일본에서 사회적경제의 출현은 한신아와지(阪神淡路) 지진 시 복구 작업이 NPO 법인을 창출시킨 것과 같이 동일본지진(東日本地震)에서도 지역 문제를 극복하기 위해 노력하는 가운데 사람들의 수요에 대응하는 새로운 지역사회시스템과 제도구축이 모색되었다. 특히 1995년 발생한 한신아와지(阪神淡路) 지진에서는 봉사활동의 중요성이 인식되었다. 그리고 이후 지진 봉사활동은 NPO법(특정비영리활동촉진법)의 제정으로 연결되었고 2012년 4월부터는 개정 NPO법의 시행에 따라 신인정제도나 기부제도 등으로 연계되어 성장을 거듭하였다. 이러한 가운데 일본 내각부에서는 사회적기업이라는 개념을 활용한 새로운 정책을 창출하려는 계획에 따라 '새로운 공공'이라는 원탁회의에서 사회적기업의 중요성이 언급되었고 '사회사업법인'의 추진이 검토되었다(根本真嗣, 2012: 41-42).

한일 양국에서 사회적경제의 출현은 약간의 시간적 차이는 있지만, 이를 둘러싼 NPO 법인이나 사회적기업의 출현 등 흔히 제3부문 경제에 관한 관심과 중요성은 전 세계적인 추세이고 그동안 많은 조사연구들이 진행되어왔다. 그러나 일본의 1995년 NPO법 제정과 한국의 2007년 사회적기업 육성법이 시행된 이후 사회적경제 관련 경험과 노하우가 축적되어 왔지만, 비교적 관점에서 한일 사회적경제의 제도화과정을 직접 다루고 있는 연구는 아직까지 전무하다.

이 장에서는 한일 양국에서 공통으로 직면하고 있는 새로운 사회적 문제의 대두, 급속히 진전된 저출산 고령화, 임시계약직의 증가 등에 따른 사회적 배제문제에 대응하기 위한 출현한 사회적경제 정책의 제도화과정을 살펴보고자 한다.

## 2. 한일 사회적경제 정책형성과정

한국정부는 2007년 사회적기업육성법, 2012년 협동조합법,

2014년 사회적기본법 제정 발의 등 사회적경제의 제도화에 적극적으로 대처해왔다. 이러한 한국정부의 사회적경제 제도화는 역사적 특수성을 반영하는 동시에 사회적경제정책의 추진방향을 결정짓는 핵심적인 요소라고 할 수 있다. 한국의 사회적경제 제도화의 특징은 국가의 역할과 정부 주도의 성격이 매우 강하다(박준식·안동규, 2014). 한국은 처음부터 정부가 사회적기업의 제도화를 주도하고 시민사회와 사회적경제 조직이 참여하는 방식으로 사회적경제정책이 추진되었다(이해진, 2015: 135-180). 한국이 일본이나 서구와 다른 제도화과정을 거친 배경으로는 IMF경제위기, 복지국가의 단계, 국가의 성격과 구조적인 요인들에서 기인한다(이해진, 2015: 137). 또한, 국가와 시민사회의 관계 및 사회적경제의 이해당사자와 주체들 간의 정책과정을 통해서도 파악할 수 있다. 이러한 측면에서 이 장은 한일 사회적경제의 제도화와 정책적 추진 방향에 주목하고 있다. 김학실(2017: 27-29)의 연구에서도 한국 사회적경제의 제도화에 대하여 1990년대 말 금융위기를 전후로 실업증가와 사회서비스 수요확대, 사회적 문제해결을 위한 정책적 대안으로서 출현하였음을 강조하고 있다. 사회적 취약계층을 위한 자활기업의 설립, 사회서비스에 대응하는 일자리창출사업, 정부지원사업의 지속성을 유지하기 위해 사회적경제정책이 적극적으로 추진되었다는 것이다. 이러한 다양한 영역을 포함하고 있는 사회적경제의 제도화과정에 대하여 강희원(2015)은 사회적경제를 하나의 법률로 통합시키고자 하는 것은 매우 정치적이고 정책적인 관점이라는 비판적 입장을 주장한 바 있다(강희원, 2015: 93-96). 한국에서의 사회적경제의 제도화과정에 관한 연구는 2007년 '사회적기업 육성법'이 도입된 이후 황미영·한상진(2010), 김혜원(2008), 박찬임(2008), 이영환(2009) 등으로 이어지고 있다.

한국의 사회적경제 제도화는 1998년 경제위기 이후 사회적기업의 제도화를 거치면서 복지문제를 해결하는 사회서비스형 사회적경제정책으로 전환되었다. 1997년 IMF 경제위기로 촉발된 실업과 빈곤, 사회적 격차와 통합문제로 정부가 사회적경제정책을 주도하면서 본격화되었다(세넷, 2013). 한국의 사회적경제의 특징은 사회적기업 육성법 제2조에 "취약계층에게 사회서비스 혹은 일자리를 제공하고 지역주민의 삶의 질을 높이는 등 사회적 목적을 추구하면서 재화 및 서비스의 생산·판매 등 영업활동을 수행하는 기업"으로 규정하는데 있다. 또한, 고용노동부는 정부에 의한 사회적기업 비전에 대하여 "사회적기업육성을 통해 사회서비스 혁신과 지속 가능한 일자리창출을 견인함으로써 사회 통합적 시장경제를 구현하는 것"으로 설정하고 있다. 이러한 측면에서 한국의 사회적 경제정책은 일자리창출과 사회서비스 지원 등 직접지원에 치중하고 있으며 시장경제를 지향하는 측면이 강하다(황미영·한상진, 2010: 99-100).

일본의 사회적경제는 1995년 한신아와지 지진 이후 봉사활동을 비롯한 시민들의 자발적 사회공헌활동의 중요성이 재인식되면서 이를 촉진하는 제도로써 1998년 특정 비영리 활동 촉진법이 제정되었다(박영화, 2015). 2011년 동일본 대지진 이후 기부문화 촉진을 위해 NPO법인 제도가 개정되었는데 주요 내용은 다음과 같다. NPO법 제1조의 목적에서 "이 법률은 특정 비영리

활동을 실시하는 단체에 법인격을 부여하는 것(운영조직과 사업 활동이 적정하고 공인 증진에 기여하는 특정 비영리 활동법인의 인정에 관한 제도를 신설하는 것) 등으로 자원봉사 활동을 비롯한 시민들의 자유로운 사회공헌활동으로서 특정 비영리 활동의 건전한 발전을 촉진함으로써 공익증진에 기여함을 목적으로 한다."라고 명시하고 있다. 이것은 NPO법 제정에 의해 시민들의 자발적 사회공헌활동과 공익의 기여가 일본의 법 제도화 과정에 의해 인정된 것으로 볼 수 있다(네모토 마사쯔구, 2015). 이러한 일본의 NPO법은 인정 법인에 대해 세제 혜택은 정비되어 있으나 정책의 활성화가 느리다는 단점을 가지고 있다. 지금까지 일본에서는 인정 NPO법인 수는 증가하였지만, 서류신청의 어려움으로 전체적인 숫자는 적은 편이다. 또한, NPO법인으로 인정받더라도 기부금이 모아지는 것이 아니기 때문에 자금마련을 위한 시스템구축과 노력을 병행해야 하는 번거로움이 있다. NPO법인에 우선 지원하거나 행정, 언론 등의 홍보로 시민들로부터 기부가 모아지는 시스템이 만들어지면 증가할 가능성은 존재한다(박영화, 2015: 405-406).

한국과 일본의 사회적경제는 사회적 공헌활동을 전개하는 조직에 대하여 제도화과정을 통해 법인격을 부여하는 법적 제도적 기반을 갖추고 있다. 그리고 인정 요건을 충족한 경우 법인세를 감면하고 있다. 한국사회적기업은 출자 가능성이 개방되어 있어 창업, 사업제휴 등을 촉진하는 정책적 기반이 갖추어져 있다. 그러나 일본NPO법은 출자가 인정되지만, 기부세액공제와 같은 기부 성격이 강하다. 2000년대 이후에는 일본 거품경제의 붕괴와 장기적 불황, 빈곤층의 증가와 초고령화 사회 진입으로 인한 사회안전망의 재정비 요구로 사회적경제에 대한 관심과 새로운 공공의 역할을 사회적기업에 기대하고 있다(김용민, 2012: 325-328).

## 제2절 ▶ 한일 사회적경제 제도화과정 비교

### 1. 한일 사회적경제 특징

한국과 일본의 사회적경제정책의 제도화과정은 <표 8>에 제시하였다.

표 8. 한일 사회적경제 제도화과정과 특징 비교[1)]

| 비교 기준 | 한 국 | 일 본 |
|---|---|---|
| 출현 배경 | 1997년 IMF 경제위기 임금 격차 확대, 교육 양극화 | 1995년 한신아와지 지진 봉사활동, NPO법 제정 |
| 시기(연도) | 1997년 이후 | 1995년 이후 |
| 주체(관민) | 1997년 정부주도 취약계층 대상 실업 대책으로 공공근로사업 개시 | 고이즈미 총리 구조개혁의 하나로 '관에서 민으로' 공공서비스 민간 이양 |
| 추진기관 | 고용노동부 사회적기업진흥원 | 일본 내각부 사회사업법인 추진 |

1) 이 표는 논문의 내용을 바탕으로 연구자가 작성하였다.

| 비교 기준 | 한 국 | 일 본 |
| --- | --- | --- |
| 사회적 문제(목적) | 취약계층 대상 사회적 문제의 해결을 도모하는 사회적 일자리창출 | NGO/NPO법인 등 민간 비영리활동을 통해 사회적 문제 해결 |
| 추진체계 | 2007년 사회적경제 육성법<br>빈민운동, 생산공동체운동 등을 담당한 시민활동단체의 의견을 반영한 시민과 정부의 일체적 관계에 따른 법률적 정비 | 1995년 NPO법(특정비영리활동촉진법)<br>빈곤문제, 저출산 고령화, 교육문제, 환경문제 등 사회적 문제의 대두로 이러한 사회적 문제해결을 위한 새로운 공공 및 제3섹터 등장, 제도화의 방향이나 지침이 명확하지 않고 정책화 진전 미흡 |
| 지원대상 | 사회적 격차, 빈곤과 실업자 문제해결을 위한 취약계층, 사회적 약자 등 | 관과 민이 함께 공공을 담당, 사회적경제를 새로운 공공의 출현으로 인식하여 새로운 공공선언 및 공공의 길 모색 |
| 정책 방향 | 취약계층 대상 아시아 최초의 사회적경제 기본법 성립 | 사회적경제에 대한 개념 불명확, 공익목적에 충실한 사회적 기업을 규정하는 법 제도 미비, 일관성 있는 사회정책 및 경제정책 필요 |
| 지원방법 | 사업형태 편중, 인건비 지원 의존도, 전문성 부족, 자원연계 및 활용성 부족 | NPO법을 초월한 시민 공익활동에 대응하는 '사회적 기업법' 제도 필요 |
| 적용과 활용 | 빈곤문제의 해소(복지정책)와 실업자 고용창출을 통합한 사회정책-정부 의 | 시장의 실패와 정부의 실패로 시장의 원리나 정부의 재분배 원리로 대응할 수 없는 사회적 수요 |

| 비교 기준 | 한 국 | 일 본 |
|---|---|---|
| 적용과 활용 | 존성 강함 | 공공의 대응 한계로 복지국가 파탄과 정부의 한계로 사회적 문제 대응 곤란, 민간 비영리활동 주목-자생력이 강함 |
| 함의 및 시사점 | · 한일 사회적경제의 출현 배경과 목적, 국가 간의 차이를 보이며 의미와 내용도 전혀 다르게 나타나고 있음<br>· 한일 양국의 사회적 문제의 내용이나 과제들은 시대와 사회적 상황에 따라 가변적이고 다양하게 나타나고 있기 때문에 그 해결방안도 다양함<br>· 사회적 문제의 이슈가 복합적이고 유동적인 이해관계구조 속에서 보편적 해결을 상정하는 것은 무리가 있음 | |

한일 사회적경제의 제도화과정을 살펴보면, 사회적경제의 출현 배경에 대하여 한국은 1997년 IMF 경제위기를 계기로 사회적 격차의 확대와 양극화 현상의 타개책으로 출발하고 있다. 그러나 일본은 1995년 발생한 한신아와지 지진으로 발생 된 피해지역의 복구를 위한 봉사활동으로 NPO법이 제정되어 지역재생과 지역경제 활성화 측면이 강하다. 한일 사회적경제의 출현 시기에 대하여 한국은 1945년 이후 사회적경제 조직이 나타나기 시작했으나 본격화된 것은 1997년 IMF 경제위기를 계기로 패러다임이 전환되었다. 일본은 1980년대 유럽 중심의 사회적경제에 대한 실천과 연구를 수용하면서 1990년대부터 본격적으로 소개되기 시작하여 1995년 동일본지진 발생 이후 실행되기 시작했다. 한일 사회적경제의 주체는 한국은 정부주도, 일본은

고이즈미 총리 시절 구조개혁의 하나로 관에서 민으로 공공서비스의 민간 이양이라는 측면이 강하다. 한일 사회적경제의 지원방법을 살펴보면 한국의 경우 고용노동부 산하 사회적기업진흥원이 중심되어 사회적 일자리 창출을 각 부처로 확대하는 경향을 보였다. 일본의 경우는 내각부 사회사업법인이 추진기관으로 시장과 정부의 실패에 따른 새로운 공공의 출현과 밀접한 관련성이 있다.

한일 사회적경제의 사회적 목적 측면을 보면 한국은 1997년 정부주도의 취약계층 및 사회적 약자를 대상으로 실업 대책의 차원에서 공공근로의 성격이 강하고 이러한 연속선상에서 지행되어 온 측면이 강하다. 그러나 일본은 1995년 한신아와지 지진을 계기로 정부의 공공에 대한 한계로 관 주도에서 민 주도로의 전환을 촉발시키는 계기가 되었다. 한일 사회적경제의 법적 근거는 한국은 2007년 사회적경제 육성법, 일본의 경우는 1995년 성립된 NPO법(특정비영리활동촉진법)에서 비롯되고 있다. 한일 사회적경제의 제도화과정은 한국은 빈민운동과 생산공동체운동 등을 담당해왔던 시민활동단체의 의견을 수렴하여 시민과 정부의 협력적 관계에 의한 법률적 정비를 시도해 왔다. 특히 일본은 1995년 이후 빈곤문제, 저출산 고령화, 교육문제, 환경문제 등 사회적 문제의 대두로 이러한 사회적 문제해결을 위한 새로운 공공 및 제3섹터 등장에 중점을 두고 있지만, 제도화의 방향이나 지침이 명확하지 않다는 비판에 직면해 있다.

한일 사회적경제의 지원대상의 측면에서 한국은 사회적 격차와 빈곤문제, 실업자대책을 위한 취약계층 및 사회적 약자를 위한 사회 복지적인 성격이 강했다. 그러나 일본은 사회적 격차와 빈곤문제를 관과 민이 함께 해결을 시도한다는 새로운 공공의 출현으로 인식하고 있다. 또한, 한국은 빈곤문제의 해소와 사회적 고용창출을 통합한 사회적경제 정책으로 발전되었다. 그러나 일본의 경우 시장의 실패와 정부의 실패로 시장의 원리나 정부의 재분배원리에 대응할 수 없는 사회적 수요를 담당했다는 측면이 강했다. 일본은 재정 파탄과 정부의 한계로 사회적 문제에 대한 대응이 곤란하여 NPO/NGO 등 민간 비영리활동에 주목하였다. 한일 사회적경제의 추진체계에 대해서는 한국은 취약계층과 사회적 약자들을 위한 아시아 최초의 사회적경제기본법을 성립시켰다. 그러나 일본의 경우 사회적경제에 대한 개념이 불명확하고 공익목적을 실현하기 위한 사회적경제의 법적 제도적 정비가 미비하다는 비판으로 일관성 있는 사회적경제정책의 필요성이 제기되고 있다. 한일 사회적경제의 개선방안에 대해서는 한국은 사회적기업의 유형이 편중되어 있고 인건비 지원 의존도가 높으며 전문성 부족, 자원연계 및 활용성 부족이 지적되고 있다. 일본의 경우 NPO법을 초월한 일본의 실정에 맞는 시민공익활동에 대응하는 '사회적 기업법'의 제도가 필요하다는 주장이 제기되고 있다.

## 2. 한일 사회적경제 시사점

한일 사회적경제의 제도화과정을 비교 고찰한 내용을 바탕으로 정책적 함의와 시사점을 제시하면 다음과 같다. 첫째, 한일 사회적경제의 출현 배경과 사회적 목적, 제도화과정의 차이는 뚜렷해 보이며 사회적경제의 의미와 내용도 전혀 다르게 나타났다. 둘째, 한일 사회적경제의 핵심인 사회적 문제의 내용이나 문제들은 시대적 상황이나 사회적 요구에 따라 가변적이고 다양한 것으로 나타났다. 이 때문에 사회적 문제의 해결방안도 다양화되고 있다는 점을 상기할 필요가 있다. 셋째, 한일 사회적 상황이 상이한 상태에서 사회적 문제의 이슈가 복합적이고 유동적이어서 이러한 사회구조 속에서 사회적경제의 보편적 해결을 상정하는 것은 무리이기 때문에 각 국가와 사회에 적합한 사회적경제 정책을 개발하고 추진하기 위한 지속적인 연구가 뒷받침되어야 할 것이다. 특히 한일 사회적경제 정책에서 한국이 정부 주도로 사회적 약자나 취약계층에 집중되어 있고 일본이 공공정책의 논리로 정부보다는 시민 주도로 NPO법인이나 비영리활동에 집중되고 있다는 점은 한국에서 향후 사회적경제 정책의 방향에 많은 시사점을 내포하고 있는 것으로 생각된다.

## 제3절 기업혁신 성장사례[2)]

### 1. 재일동포 기업 롯데

이 절의 목적은 재일동포기업 롯데의 경영전략 및 기업가정

2) 이 절의 내용은 2021년 8월 『한일경상논집』 제92권에 실린 "재일동포기업 롯데의 글로벌 경영전략과 기업가정신"의 내용을 가필 수정한 것임을 밝혀둔다.

신을 고찰하는 데 있다. 일반적으로 재일동포기업의 탄생은 올드커머의 경우, 1945년 이전에 도일하여 일본에서 생활하고 있던 재일동포들이 취업차별로 생계유지를 위해 자영업을 창업하면서부터 시작되었다. 뉴커머기업의 경우는 1989년 한국여행자유화조치 이후 자발적으로 도일하여 창업하기 시작했다. 이 절은 올드커머 재일동포기업을 대상으로 경영전략과 기업가정신을 고찰하고자 한다. 재일동포들은 일본 사회의 민족차별과 취업차별의 반작용(Reactive Theory)으로 고철업, 폐기물재생처리업 등 일본인들이 꺼리는 업종에 진출하여 창업활동을 통해 사업에 성공하면서 사업을 계승 발전시켜오고 있다.[3)]

그러면 어떻게 하여 재일동포들은 생계유지를 위해 기업을 창업하고 발전시켜왔는지에 대하여 구체적으로 살펴보고자 한다. 일반적으로 어느 사회든 마이너리티 기업의 창업은 초기 단계에 동질민족으로부터 막대한 영향을 받게 되는데 창업 후 기업이 성장하게 되면 동질민족으로부터 지원과 영향은 점점 약화되어 간다. 즉, 재일동포들이 도일 후 창업 초기 단계에서는 일본 사회에서 네트워크가 충분히 구축되어 있지 않기 때문에 동질의 재일동포 공동체에 의존하게 되고 창업을 위한 정보나 자원도 공동체 내에서 획득하게 된다. 그리고 기업이 번창함에 따라 경영활동이 활발해지게 되면 동질의 재일동포사회로부터

---

3) 흔히 반작용 이론(Reactive Theory)은 마이너리티 기업가들이 자신들을 다수파의 차별대우로부터 사회 주변으로 밀려난 것으로 보고 핸디캡(Handicap)을 무기로 하여 공동체의 동료로부터 지원을 요청하면서 사회적 지위와 경제적 향상을 달성하는 것을 가리킨다.

탈피하여 일본 사회와의 네트워크를 강화하고 이를 통해 사업에 필요한 정보와 자원을 획득하게 된다.[4)]

이상과 같이 종래 이민기업의 창업과 성장 과정을 설명하는 마이너리티 창업론이 재일동포기업에도 적용 가능한 지에 대해서는 의문이 든다. 왜냐하면, 재일동포기업들이 성장하여 마이너리티 기업(Minority Enterprise)에서 머조리티 기업(Majority Enterprise)으로 이동해갈지라도 기존의 동질 민족네트워크가 여전히 작동하고 있다는 사실이 목격되고 있기 때문이다. 가령, 재일동포기업들이 일본 사회와의 네트워크에 의한 사업정보와 자원을 획득하는 단계에 진입하더라도 동질민족의 에스닉 네트워크(Ethnic Network)인 재일본조선인총연합회, 민단, 재일한국상공회의소, 재일코리안 청년상공인연합회 등과 같이 재일동포 사회와의 민족네트워크를 여전히 유지되고 있는 현상이 발견되고 있다. 더구나 기업의 원재료나 판매 등에서는 일본 내 사회적 네트워크를 활용하고 일본에서 태어나 자란 이들이 표면적으로 일본 사회에 동화되어가는 것처럼 보이지만, 여전히 마이너리티로서 재일동포사회에서 기업의 역할을 담당하는 사례도 존재한다.

이상과 같이 종래 연구에서는 종종 재일동포기업이 일본 사

---

4) 재일동포는 조선이 일본의 식민지로부터 해방된 1945년 이전에 도일하여 생활을 영위해 온 동포와 그 자손을 지칭한다. 재일한국인, 재일조선인 등 다양한 용어들이 사용되고 있지만, 국적혼동이나 차별적 용어의 문제로 최근에는 재일코리안이라는 용어를 사용하는 경우가 많다.

회로부터 차별받아 불리한 환경에 놓여있지만, 강인한 기업가정신을 바탕으로 이를 극복하고 기업으로 성공한 사례를 소개하는 경우가 많았다.[5] 이 연구는 재일동포기업과 일본기업과의 관계성, 모국과의 관계성에 대하여 고찰하고자 한다. 특히, 이 연구는 롯데를 사례로 재일동포기업의 창업요인에 따른 기업경영전략과 기업가정신을 규명하는 데 초점을 두고 있다. 재일동포기업이 일본에서 차별과 배제의 대상으로 한편으로는 재일동포기업가의 일본 사회에서의 민족차별과 배제가 기업가의 민족정체성을 소멸하는 요인으로 작용하거나 반대로 이것이 기업가의 기업활동을 촉진하고 민족정체성을 더욱 강화함으로써 민족단체나 모국 공헌활동을 지향하는 경우도 있다. 이 점은 재일동포기업이 한국이나 일본 어느 한쪽에 편중된 기업전개보다는 양국 사이에서 글로벌기업으로서의 성장전략을 구사해왔다는 점을 규명하고 이에대한 시사점을 제시하고자 한다.[6]

## 2. 재일동포 기업의 성장사

1945년 해방 이후 재일동포기업은 장기간 일본 노동시장에서 차별적 위치에 놓여 있었다. 그러나 이러한 상황에도 불구하고

---

5) 李光宰(2011)「「在日企業」の日本への貢献ー安楽亭(株)を事例にー」『在日朝鮮人史研究, 在日朝鮮人運動史研究会編』, pp.157-172.

6) 일반적으로 재일동포들이 설립한 기업들은 재일코리안 기업, 재일기업, 재일동포기업, 재일조선인기업, 재일한상기업 등 시대와 문맥에 따라 명칭이 다양하지만, 이 연구에서는 재일동포기업으로 통일하였다.

재일동포기업은 일본의 차별과 배제에 맞서 대기업으로 성장한 기업들이 나타나기 시작했다. 일본 사회의 배제와 차별에 맞서 재일동포기업은 불굴의 투지로 오랜 투쟁과 운동의 역사를 경험했고 이를 통해 인권개선과 사회적 지위 상승을 달성하기도 했지만, 여전히 차별의 역사는 반복되고 있다.

이 연구는 재일동포기업 중에서도 롯데 기업에 초점을 두고 있다. 롯데는 재일동포 출신 신격호 회장이 창업했고 한국과 일본을 중심으로 기업을 전개하고 있는 가장 대표적인 재일동포기업의 하나로 알려져 있다. 연구방법은 롯데와 관련하여 그동안 신문이나 잡지, 서적 등을 통해 보도된 내용을 중심으로 경영전략과 기업가정신을 도출하고자 한다. 특히 이 연구에서는 롯데를 중심으로 창업동기와 경영전략을 검토한 후 논쟁점과 시사점을 도출하고 글로벌 재일동포기업의 미래전략을 제시하고자 한다.

그러면, 먼저 재일동포기업의 경영 활동에 관한 선행연구에 대하여 검토하고자 한다. 재일동포기업 관련 선행연구의 주요 논저들을 제시하면 다음 <표 9>와 같다. 재일본조선인상공연합회(1956)와 재일한국청년상공인연합회(1989)는 설문조사를 통해 재일동포기업의 업종비율, 매출 현황, 영업연수, 경영상의 문제점 등을 규명하기 위한 실태조사를 실시한 적이 있다. 이들 연구는 일본 사회에서 재일동포기업의 규모 및 현상을 파악하는 선구적인 연구로 재일동포기업을 대상으로 한 이후 학제적 연구의 촉진제 역할을 담당했다는 점에서 매우 중요하다.

다음으로 오규상(1992)의 연구는 재일동포의 역사적 관점에서 재일조선상공인의 경제활동 실태와 기업의 형성과정을 고찰한 적이 있다. 그는 이 연구에서 조선인상공연합회, 민족금융기관, 민족보험회사 등의 상호 협력 관계와 이들에 의한 기업활동을 둘러싼 환경변화, 그리고 기업의 성장요인에 대하여 규명하고자 시도하였다. 특히 이 연구는 재일동포기업을 재일조선인운동사적 측면에서 접근했다는 점에서 매우 흥미로운 특성을 가지고 있다.

하명생(河明生, 1997, 2003)[7]은 재일동포1세 기업가의 기업가정신과 재일2세~3세의 기업가정신을 비교 분석하여 '금의환향의 기업가정신', 한민족 유교적 문화구조, 자기실현달성도, 기업의지력의 원천 등을 도출한 바 있다. 또한, 재일동포기업의 마이너리티 기업가정신, 재일동포기업가의 유형화를 시도하였으며 이를 통해 기업의 유형을 독립형, 전업형, 신독립형, 신전업형으로 분류하였다. 임영언(2008)은 이러한 하명생(2003)의 기업가유형 연구를 한 단계 발전시켜 재일동포기업가의 유형화를 새롭게 도출하여 생계형, 권유형, 계승형, 재능형으로 재분류한 바 있다.

박일(2012)과 한재향(2005, 2008, 2010)[8] 연구는 재일동포기업가의 기업가정신을 사례를 통해 도출하고자 하였다. 먼저 박일(2012)은 일본 택시업계에서 성공한 재일동포기업의 사례를 통해 MK택시 회장 아오키 사다오의 기업가정신과 모국 관계를

7) 河明生(1997)『韓人日本移民社会経済史ー戦前編』, 明石書店.
8) 韓載香(2010), 『「在日企業」の産業経済史ーその社会的基盤とダイナミズム』, 名古屋大学出版会.

논의한 바 있다. 특히 이 연구는 재일동포기업 교토 MK택시의 사회적 공헌을 심도있게 다루었으며 모국 기여활동을 부각시키고 있는 매우 흥미로운 논문이라 할 수 있다. 한재향(2008)은 재일동포기업의 교토 섬유산업과 파칭코홀의 산업전환 과정에서의 다이나미즘을 다루는 획기적인 논문을 발표한 바 있다. 이들 연구는 재일동포기업의 민족금융기관과의 관계성과 산업전환의 다이나미즘을 분석하고 있어 향후 재일동포기업 연구에 많은 공헌을 한 것으로 평가된다.

나가노 신이치로(永野愼一郎, 2010)는 재일동포기업의 한국경제발전과 모국공헌에 대하여 재일동포로서 일본 사회에서의 차별과 편견, 그리고 이에 맞서 역경에 굴하지 않고 창업하여 성공의 발판으로 한국경제발전에 공헌하는 과정을 담고 있다.[9]

이상과 같은 선행연구로부터 도출된 재일동포기업의 공통점은 오사카에서는 제조업, 효고현에서는 고무제품제조업과 토목건축업, 교토에서는 섬유산업 등 특정 지역에서 집중적으로 기업군을 형성하고 있다는 점이다. 특정 지역에 집중적으로 재일동포기업이 형성되면 그 지역에 거주하는 재일동포 네트워크는 특정 산업에 관련된 정보가 축적되고 이러한 정보들이 재일동포의 창업활동을 촉진해왔다는 점을 추정할 수 있다. 또한, 재일동포기업은 일본사회로부터 차별의 반작용으로 기업가 활동이 촉진되었다는 점, 자영업의 진출비율이 높다는 점 등은 재일동

9) 永野愼一郎編(2010) 『韓国の経済発展と在日韓国企業人の役割』, 岩波書店.

포기업 선행연구에서 도출된 공통점이라 할 수 있다. 하지만, 재일동포기업이 기업활동을 수행하고 성공하는 요인으로서 일본사회의 민족차별 및 취업차별만을 강조하는 것은 많은 한계를 내포하고 있다는 점이다,

선행연구를 통해 도출된 내용을 정리하면 다음과 같다. 첫째, 재일동포기업은 자영업에 진출하는 경향이 강하고 일본시장지향이라는 점이다. 재일동포기업은 창업단계부터 일본시장을 타깃으로 하는 경향이 강한데 그 이유는 일본 사회를 타깃으로 하는 것이 돈을 벌 수 있는 가능성이 높다고 판단했기 때문으로 생각된다. 일본시장지향은 일본인과 일본기업을 잠재고객으로 상정하는 것을 의미하고 모국사회, 동포사회, 재일동포를 둘러싼 사회환경으로부터 자금과 자원을 획득하는 등 고객획득 이외의 경영활동에서 네트워크를 구축해야 할 필요성이 존재한다. 둘째, 재일동포기업의 특성은 지역에 따라 특화된 산업에 집중되었다는 점도 주목할 만하다. 가령, 오사카에서는 제조업, 효고현에서는 고무제품제조업과 토목건축업, 교토에서는 섬유산업에 재일동포들이 다수 참여하였다. 이것은 재일동포사회가 한정적인 범위의 특화된 정보를 제공했기 때문이며 이들 산업에서 정보의 축적이 용이했기 때문으로 생각된다. 셋째, 재일동포기업은 독립성과 우위성을 확보하기 위해 노력했다는 점이다. 많은 재일동포기업이 특정 지역에서 동종업종에 집중되다 보니 자사만의 독립성을 개발하고 타사와 차별되는 우위성을 획득하지 못하면 생존하기 어렵다.

재일동포기업은 일본사회에서 규모에 제한적인 마이너리티

기업에 안주하지 않고 일본시장에 진입하여 생존하기 위해 독립성과 우위성을 획득해왔다. 우위성을 획득하기 위해서는 타사와는 차별성 있는 혁신적인 아이디어와 이를 실현하기 위한 노력이 필요하다. 또한, 재일동포기업이 타사와 차별화되기 위한 아이디어는 변화하는 환경을 신속히 파악하고 행동하는 민첩성과 기민성이 요구되는 산업이라 할 수 있다. 이 연구의 중심내용은 재일동포기업가들이 일본 사회의 차별과 배제라는 역경을 딛고 마이너리티 기업으로서 일본경제와 모국경제에 중요한 역할을 담당해왔던 역동적인 경영전략과 '기업가정신'을 도출하는 데 있다.

표 9. 재일동포 기업의 경영 활동과 기업가정신[10)]

| 연구자 | 연구내용 | 연구방법 | 분석내용 |
|---|---|---|---|
| 재일본조선 신상공 연합회(1956) | 재일동포 기업의 경영 활동과 업종 등 | 설문조사 | 재일동포기업 경영활동 실태 |
| 재일한국 청년상공인 연합회(1989) | 재일동포 기업 업종비율, 매출액 상황, 영업연수, 경영상의 문제점 등 | 설문조사 | 재일동포기업 경영활동 실태 |
| 오규상 (1992) | 일본에서 재일동포기업 활동 운동전개의 역사, 재일동포기업 활동에 영향을 미치는 환경변화, 상공인으로부터 기업가로의 성장과 인재육성 제언 | 문헌조사 및 인터뷰 조사 | 재일동포기업가 상공인 운동 |

10) 金眞那(2015) 『在日コリアンにおける企業家活動の分析ーエスニック·アイデンティティ·ネットワークの概念を用いてー』, 広島市立大学博士論文, p.18의 내용을 연구자가 추가 수정하여 보완하였음.

| 연구자 | 연구내용 | 연구방법 | 분석내용 |
|---|---|---|---|
| 하명생 (1997, 2003) | 재일동포기업의 마이너리티 기업가정신, 재일동포기업가의 유형화 | 문헌조사, 인터뷰 조사, 사례조사 | 기업가정신, 한민족문화구조, 자기실현달성도, 창업의지력 원천, 창업요인에 따른 기업유형 |
| 임영언(2006, 2007, 2008, 2011) | 재일코리안 기업가의 유형화, 네트워크, 경영성과 | 문헌조사, 인터뷰 조사 | 창업 동기에 따른 기업의 유형화 |
| 나가노 신이치로 (2010) | 한국의 경제발전과 재일한국기업인 | 문헌조사, 인터뷰 조사 | 재일한국기업인의 모국경제발전과 공헌활동 |
| 박일 (2005, 2012) | 교토 MK 택시의 사례를 통한 기업가정신과 모국관계 | 인터뷰 조사, 사례조사 | 창업활동, 기업활동, 사회공헌, 모국 기여 |
| 한재향 (2005, 2008, 2010) | 교토 섬유산업과 파칭코 산업에서 산업전환 과정 연구 | 인터뷰 조사, 사례조사 | 민족금융기관과의 관계, 산업전환의 다이나미즘 등 |
| 이수임 (2012)[11] | 재일동포의 경제활동 -이주노동자, 기업가의 과거·현재·미래- | 인터뷰 조사, 사례조사 | 경제활동, 성공 요인, 기업가정신, 일본 사회의 다양성과 사회통합 |

11) 李洙任(2012)『“在日コリアンの経済活動ー移住労働者·起業家の過去·現在·未来』, 不二出版, pp.4-8.

## 3. 롯데의 경영전략

### 1) 모국과의 연계성

전술한 바와 같이 재일동포기업 관련 기존연구들을 살펴보면 다음과 같다. 먼저 하명생(1997, 2003)의 연구는 재일동포기업의 창업과정에 초점을 두고 피차별 마이너리티라는 불리한 기업환경에도 불구하고 신규사업을 창업하려는 정신적 특성을 '기업가정신'으로 정의하였다. 그리고 이러한 환경 속에서 창업활동을 전개한 경영 주체를 '기업가'로 지칭하였다. 이러한 사례로서 그는 재일동포 1세~2세의 기업가정신을 고찰한 바 있는데 재일1세보다 재일 2세의 경우 한민족문화구조와 상관관계가 높고 자기실현도가 높게 나타났다. 또한, 강인한 창업의지력의 원천은 재일동포 1세의 경우 민족적 자긍심이 높았지만 재일동포 2세의 경우 열등감 쪽이 강한 것으로 나타났다. 결론적으로 이 연구에서 재일동포기업가의 창업능력은 세대를 초월한 보편적 능력이 아니라는 점을 명확히 하고 마이너리티 기업가정신의 특성에 따라 기업가를 독립형, 전업형, 신독립형, 신전업형으로 유형화하였다.

임영언(2008)은 하명생(2003)의 연구결과를 더욱 발전시켜 재일동포기업의 유형화에 대하여 재일동포 4세~5세를 대상으로 적용 가능한 기업 유형화를 시도하였다. 먼저, 재일동포기업가를 생계형, 권유형, 승계형, 재능형으로 분류하였다. 연구결과를 살펴보면, 재일동포 1세 기업가는 현지사회의 차별로부터 자신의 재능을 살려 일본인의 관심이 적은 분야에서 창업한 생계형에 가까운 재능형이 많았다. 재일동포 2세의 경우는 승계형이 많았고 재일동포 3세의 경우는 민족차별과 취업차별 등이 완화되는 글로벌시대를 맞이하여 부모세대와는 다른 신사업을 창업하거나 전업하는 재능형으로 전환되어가는 과정에 있다는 것을 밝혔다. 박일(2012)의 연구는 택시업계의 재일동포기업의 사례를 바탕으로 사례분석을 통해 재일동포기업이 불리한 환경에 처해 있음에도 불구하고 창업가로서 성공을 거둘 수 있었던 것은 그들이 일본사회로부터 차별과 편견에 반발하여 뛰어난 기업 활동에 의해 그것을 극복하려고 노력했기 때문으로 분석하고 있다.

이러한 재일동포기업의 창업과 성장 과정에 이어 본 연구와 관련성이 깊은 재일동포기업과 모국사회와의 관계에 대한 기존 연구를 살펴보면 다음과 같다. 해외동포문제연구소(1996)는 재일동포기업의 경우 창업의 초기 단계에 민족성이 강한 네트워크를 기반으로 성장단계에서는 모국 혹은 세계한상 네트워크와의 관계를 지향하고 있는 것으로 규명하고 있다. 또한, 하명생(2012)의 연구에서도 재일동포 1세 기업가의 경우 박정희정권시대 모국경제발전을 위한 대대적인 물질적 기여, 이에 대한 보답 차원에서 재일동포기업의 모국투자에 대한 외국인 우대정책, 그리고 한국과의 연계확보 등을 주장하고 있다. 박일(2012)의 연구는 재일동포기업들이 모국공헌과 한국사회 기여를 통해 재일동포에 대한 오해와 편견을 완화하기 위해 노력했다고 주장하였다.

재일동포기업은 창업단계에서 일본시장의 개척을 지향하는

경향이 강하여 일본경제와 관련성이 강하지만 모국지향의 기업의 경우 성장단계에서 점차 모국사회와의 관계가 매우 중요할 것으로 생각된다. 이 연구에서 중점을 두고 있는 재일동포기업의 경영활동과 기업가정신에 대하여 모국의 사회적 요인, 경제적 요인, 정치적 요인이 기업가의 경영전략에 영향을 미칠 것으로 간주되지만, 특히 기업가의 경영전략으로서 정치적 요인인 모국과의 관계성과 개인적 특성인 기업가정신에 주목하고자 한다. 이 연구는 재일동포사회가 전반적으로 다양화되어 가고 있는 가운데 재일동포 1세 기업가의 모국과의 관계성에 주목하고 있다는 점에서 차별성을 가지고 있다.

재일동포기업가들은 국적취득과 일본 통명을 사용하는 이들이 많지만, 여전히 민족정체성을 그대로 유지하고 있는 이들도 상당히 많다. 그들은 일본사회에서 불가시적인 존재이지만 특유의 강인함을 바탕으로 민족정체성을 유지하면서 일본경제에 기여해 온 혁신적인 창업가들이기도 하다. 그리고 일본 사회의 차별과 배제로 불확실성과 불안정한 지위에서 창업하였지만 치열한 경쟁에서 생존하였다. 흔히 창업에는 혁신적인 아이디어, 진보적 기술, 창업자금과 비전 등이 필요하지만 재일동포기업의 발상에는 유연성과 기회를 창출할 수 있는 초국적 기업가의 특성들을 잠재하고 있다. 또한, 그들은 일본이라는 특정 시장에 안주하기보다는 글로벌시대 최대의 사회적 수요를 발굴하여 신사업을 창출해왔다. 그러면 다음 절에서는 재일동포기업가의 정치적 문화적 요인과 결합된 경영전략과 기업가정신의 대표적인 사례로서 롯데에 대하여 구체적으로 살펴보고자 한다.

### 2) 롯데 신격호 회장의 도전과 창업정신

롯데 신격호 회장은 1922년 경상남도 울주군 삼남면 시골에서 농가의 아들로 태어났다. 농가의 장남으로 태어난 것이 나중에 리더십을 발휘하는 원천이 되었다. 출생 당시 일본 제국주의 시대로 조선유교교육을 받고 자라났다. 신격호는 서당에서 보통학교를 거쳐 울산농업전수학교에 진학하여 농업기사의 기술을 배웠다. 당시 농가의 자녀로서는 교육의 혜택을 많이 받은 편이었다. 졸업 후 함경북도 명천의 종묘장에서 연수를 수료하고 경상남도도립 종축장의 기사가 되었다.

당시 식민지시대 취업 사정을 고려하면 상대적으로 안정된 엘리트 코스였다. 그의 아버지는 신격호를 생활적으로 안정시키기 위해 부농의 딸과 결혼시켰다. 그러나 향학심이 강했던 신격호는 일본유학을 결심하고 고향을 떠났다. 그리고 부산에서 일본행 관부연락선을 타고 시모노세키로 향했다. 일본식 통명 사용은 신격호가 도일을 계기로 '시게미쓰(重光)'라는 이름을 사용하면서 시작되었다.

신격호는 도일 후 고향의 친구에게 도움을 받아 도쿄에 상경하였으며 그의 하숙집에서 함께 생활하였다. 그의 친구가 와세다대학 학생이어서 신격호도 와세다실업보통과 정시생으로 입학했다. 그리고 학생시절 도쿄 간다(神田)의 헌책방을 드나들면서 문학청년으로 괴테의 시를 애독했으며 전업 작가가 되는 것이 그의 꿈이었다. 일본 생활은 매우 가난하여 우유와 신문 배달, 잡역이나 운반 등 육체노동으로 생활비와 학비를 충당했다.

일본에서 유학생 신분의 고학이나 차별이라는 혹독한 현실은 그를 꿈으로부터 멀어지게 했고 직업선택의 자유도 없었다. 그가 할 수 있는 유일한 선택은 사회적 지위가 낮은 자영업으로 경제적 지위를 상승하는 길밖에 없었다. 그리고 와세다대학 시절 제국주의 시대 징병을 회피하기 위해 문학에서 이공계로 전공을 바꾸고 태평양전쟁 때는 군수물자나 선반용 오일을 제조하는 연구소에 징병 되었다. 이를 계기로 그의 삶은 송두리째 바뀌었다.

1944년 신격호는 일본인 폐기물처리업자 하나미즈로부터 선반냉각용오일 제조공장의 창업을 권유받고 흔쾌히 수락했다. 그리고 도쿄 오모리(大森)에서 창업했지만, 미군 공습으로 소실되었다. 그렇지만 자신을 믿어준 일본인을 배신해서는 안 된다는 것이 그의 믿음이었고 이를 계기로 나중에 "일본에 사는 이상 일본 사회에 융합되어 일본을 위해 최선을 다해야 한다. 이것이 언젠가는 한국을 위한 것이 된다."는 기업가정신을 갖게 되었다.12)

1945년 8월 일본의 패전과 더불어 많은 재일동포들이 모국으로 귀국을 서둘렀지만, 신격호 회장은 도일 목적이었던 경제적 지위를 달성하지 못하고 무일푼으로 귀국할 수 없어서 일본 잔류를 택했다. 그리고 해방 후 정치적 혼란기 선반냉각용 오일 제조의 노하우를 응용하여 군수용오일을 사용한 비누 등 유지제품의 제조와 판매를 시작했다. 일본인의 청결지향과 목욕취향

---

12) 앞의 책, 하명생(2003), p.130.

을 예측하여 창업한 것이었다.

이를 바탕으로 1946년에는 도쿄 오기쿠보(荻窪)에 히카리특수화학연구소를 설립했다. 그 이유는 동업자가 많아지고 비슷한 상품들이 많아 차별화를 도모하기 위해서였다. 회사의 상품명은 '롯데화장품 본점'으로 결정하여 괴테의 '젊은 베르테르의 슬픔'의 영웅인 샤르롯데에서 따왔다. 이후 남성용 포마드나 크림 등을 제조 판매하여 자본을 축적했지만, 화장품 시장의 과잉경쟁과 일본 자생당(資生堂)과 같은 대자본의 활동을 재개로 위기를 맞이하였다.

1947년에는 친구의 권유로 풍선껌 제조판매로 전업하여 세 사람의 친구들과 함께 분업 공동경영체제로 신격호가 자금과 공장을 제공하고 나머지는 친구들이 껌의 제조와 판매를 담당했다. 그러나 친구들 간의 내분에 휩싸여 단독으로 껌 제조판매업을 시작하였다. 당시 일본에서는 껌 제조업체들 대부분이 영세하였고 기술적으로도 가내공업 수준으로 수익률이 매우 높았다. 거기에다 껌은 일본에서 걸으면서 씹는 행위 자체가 일본인들에게 부도덕한 행위로 간주되어 기업가들에게 시장의 한계를 지적하는 경우가 많았다. 이에 따라 껌은 일본인들에게 이질적인 존재로서 식품 관련 대기업 자본이나 구성원들이 껌의 시장성과 장래성을 예측할 수 없었다. 그러나 신격호는 해방 후 일본에서 미군의 상징적인 식문화였던 껌에 몰려드는 어린이들의 광경을 목격하고 껌 산업의 미래 확장성을 예측하였다. 그리고 단맛을 첨가한 풍선껌을 제조하여 어린이들로부터 호평을 받았다.

1948년 6월 신격호는 주식회사 롯데를 창업하여 도쿄 신주쿠에 토지를 매입하고 껌의 대량생산에 착수했다. 해방 후 일본에서 미군 점령기 시절 껌은 기호품으로 취급되어 제도적 지원을 받지 못했고 껌의 원료인 설탕은 통제품목의 일종이었다. 따라서 껌의 판매가격도 일본 정부로부터 지정인가를 받아야 했고 대기업 자본이 껌 산업에 진출하지 못하여 오히려 독점적으로 사업을 전개할 수 있었다. 1949년 일본에서는 식품위생법이 제정되어 불량 유해 식품의 규제가 강화되었다. 이에 따라 기존 유통시스템을 이용할 수 없었던 롯데는 영업상의 독창성을 발휘할 수 있게 되었다. 또한, 껌의 품질을 제고하기 위해 약제사 등의 전문가를 고용하여 품질향상에 노력한 결과 일본 전체 시장의 20% 정도를 점유할 수 있게 되었다. 일본에서 경제적 상승지향이 강했던 롯데는 껌의 최고 생산자가 되겠다는 꿈을 품고 껌의 품질 제고에 노력하여 성공을 거둘 수 있었다.

### 3) 롯데의 회사 경영전략

롯데의 경영전략은 사업상의 불확실성, 예상되는 리스크, 동업자와의 알력과 갈등 등을 해결하면서 동요하는 일본인 종업원들을 강한 리더십으로 결속시켰다. 하지만 껌 업계에서 재일동포에 대한 일본인의 공격도 계속되었다. "조선인의 추잉검 생산을 저지해야 한다."는 민족적 감정을 전면에 내세운 일본인의 차별과 모욕, 질투와 반발에 대해 그때마다 실력을 키울 수밖에 없다고 결심하였다. 그리고 일본제과업계를 제패해야겠다는 목표를 가지게 되었다.

신격호는 일본인 업계의 차별과 공격에 대해 “공격이야말로 최대의 방어”라는 공격적 경영관을 견지하였다. 천연치클 껌의 상품화에 성공하여 상대회사와의 경쟁에 대비하여 영업력을 강화하는 전략을 구사하였다. 먼저, 소매점 중점주의와 중소도매 다수점포주의를 실행에 옮겼다. 롯데제품의 고품질을 소비자에게 직접 호소하기 위해 소매점과의 관계를 강화했다. 그리고 담배 가게에서도 롯데제품을 진열하도록 지시했다. 또한, 영업을 강화하면서 롯데기업의 이미지와 브랜드가치를 제고하는 광고전략으로 남극학술탐험대에 롯데 츄잉껌을 납품하여 그 실력을 인정받았다. 그는 롯데 광고선전을 중시하여 홍보비가 매출액의 10%를 차지할 정도로 강화했다. 광고가 매출에 직접적인 영향을 미친다는 결론은 그의 확고한 경영철학에서 나왔다. 그리고 그가 가장 중시했던 것은 TV를 통한 광고였다. 이러한 광고선전 효과로 롯데의 기업이미지와 브랜드가치가 향상되어 1959년 일본 경쟁사를 누르고 일본 껌 시장에서 최고 메이커로 성장하게 되었다.

1961년에는 LHP(Lotte Home Proper)제도의 도입으로 인해 전술적 영업 전략을 전개했다. 이 제도는 주부 등 여성을 파트타임으로 대량 채용하여 영업훈련과 롯데 자체의 현상광고를 통한 판매촉진을 강화하는 것이었다. 그리고 마침내 1962년 롯데는 일본에서 껌 시장 점유율 70%라는 경이로운 기록을 달성하여 신격호 회장이 일본 껌 협회의 회장에 취임하여 업계 최고로 등극하였다. 이후 1964년에는 유럽 선진기술을 도입하여 초콜릿 시장에 참가하였고 1969년에는 캔디시장, 1972년에는 롯데리아 패스트푸드 시장 및 아이스크림 시장, 1976년에는 비스킷시장에도 참여하였다. 이상과 같이 해방 이후 롯데는 비교적 단기간에 일본을 대표하는 종합과자메이커로 성장하였다.

## 4. 모국진출전략과 기업가정신

롯데 신격호 회장은 모국투자를 지향하여 금의환향의 기업가정신을 소유하고 있으며 기업의 소유와 경영을 분리하지 않고 자신의 의지를 경영에 투입하려고 노력하였다. 그는 건전한 조국관을 강조하는 애국청년으로 한국의 장래나 한국인의 생활향상에 늘 관심이 있었다. 이러한 경향은 조선의 유교적 영향과 일본사회의 차별과 배제 경험에서 기인한 것이기도 했다. 그러나 1950년대는 한일간의 국교 정상화가 수립되지 않아 정상적인 모국투자가 어려웠고 모국 고향에 대한 공헌은 항상 마음에 담고 있었다.

그러나 1958년 이승만정권이 수립되고 모국투자를 일부분 허용하자 한국에 거주하는 친동생을 통해 간접적인 모국투자를 구상하여 한국 롯데와 롯데 화학 공업사를 창업했다. 그리고 1961년 박정희정권의 탄생과 더불어 1965년 한일국교정상화가 수립되자 모국투자도 활발히 진행되었다. 당시 박정희정권은 권력 유지와 강화 수단으로 한국경제의 재건과 부흥을 지상과제로 여기고 외국으로부터 자금과 기술을 조달하기 시작했다.

이러한 상황에서 롯데의 역할은 매우 컸다. 신격호는 신흥재벌 창업을 목표로 모국투자계획을 신중히 추진하였다. 먼저 그는 가와사키제철과 업무제휴를 통해 제철기술을 한국에 전수하고자 제철사업계획서를 박정희정권에 제출했다. 하지만, 제철업을 국영사업으로 정한다는 방침에 따라 실현되지 못했다. 다음으로 가전산업의 한국에서의 설립과 사업전개를 제안했지만, 한국 정재계에서 동포재벌을 일본 자본의 앞잡이로 간주하여 한국 기간산업으로의 진출을 반대했다. 이를 해결하기 방안으로 한국 롯데를 통한 홍보활동으로 일본에서 태어난 자녀들이 한국국적을 소유하고 있다는 점을 강조했다. 하지만, 결국 롯데는 제과산업으로 모국투자를 전개하였다.

신격호는 껌, 초콜릿, 아이스 등 일본롯데의 노하우를 한국롯데에 전수하는 데 주력했다. 그리고 사이다, 햄, 우유, 술, 축산 등 다른 식품분야도 한국진출에 성공하여 식품그룹을 형성하였다. 그러나 그에 대한 한국인의 평가는 비사교적이며 과묵한 성격이라는 평판이 자자했고 이러한 그의 성격은 빈손으로 사업을 일구는 동안 그가 감내하지 않으면 안 되었던 재일동포기업가에 대한 차별과 멸시의 일종이었다. 1978년 박정희정부는 롯데 신격호 회장에게 한국경제발전에 대한 공로로 건국훈장 무궁화장을 수여하여 한국을 대표하는 애국적 재일동포기업가라는 명칭을 부여했다.

1970년대 중반 박정희정부는 관광사업추진에 의한 외화획득사업을 전개하여 신규사업진출을 신격호 회장에게 요청하였다. 이에 따라 1979년 3월 지상 38층, 지하 3층, 객실 1,000개의 한국최대 규모의 롯데호텔이 탄생하였다. 그리고 같은 해 12월 한국최대의 롯데백화점 설립과 동시에 롯데리아 1호점이 진출하였다. 롯데호텔은 1988년 서울올림픽의 관광무드를 계기로 정상궤도에 진입하였다.

롯데그룹은 이업종 다양화를 추진하여 공해처리기, 사무기기, 음향기기, 석유, 필름, 복사기, 프로야구, 유원지 등 다양한 사업으로 한국에 진출하였다. 대부분 일본기업 캐논이나 파이오니아 등과의 합병이나 제휴에 의한 일본기술의 전수였다. 이렇게 하여 신격호는 한국에서 다수의 신흥재벌을 형성하여 한국의 경제발전에 공헌한 애국적 재일동포기업가로서 금의환향의 기업가정신을 실천할 수 있었다.

신격호는 제2차세계대전으로 한창 혼란스러웠던 1941년 일본으로부터 해방되기 직전인 한반도에서 일본 시모노세키항을 통해 일본으로 도항했다. 그리고 당시 궁핍한 생활 가운데에서도 와세다실업학교를 졸업했다. 어려운 생활 가운데 아르바이트를 통해 수업료를 지불하였고 이러한 어려운 생활경험으로 창업을 결심하게 되어 처음에는 비누와 남성용 포마드를 제조하는 작은 공장을 창업했다. 그는 이 공장명칭을 '히카리 특수과학연구소'로 명명하였으며 문학청년이기도 했던 신격호는 괴테의 '젊은 베르테르의 슬픔'을 애독하여 이 책의 주인공인 샤롯데로부터 회사명을 '롯데'로 명명하였다고 한다.[13)]

1945년 일본이 패망하고 GHQ가 통치하던 시기 미군들이 즐겨 찾았던 초콜릿과 추잉검은 일본인들에게 '하늘에서 떨어진

---

13) デイビッドウィリス·李洙任(2012) 「「在日コリアン系起業家」李洙任編著, 『在日コリアンの経済活動ー移住労働者·起業家の過去·現在·未来,"不二出版』, pp.152-153.

선물'이었으며 일본 근대 민주주의의 상징이 되었다. 패전 이후 전환기 일본에서 신격호(重光武雄)는 고품질의 껌 제품을 생산하기 위해 과학자를 고용하여 자사 제품의 껌 품질을 업그레이드해 나갔다. 당시 단 음식을 선호했던 일본인들에게 롯데 껌은 선풍적인 인기를 누렸다. 이후 롯데는 일본에서 다양한 히트상품을 계속해서 탄생시켰다.

롯데는 일본에서뿐만 아니라 한국에도 적극적으로 투자하여 현재 한국에서 10위 권 내의 재벌회사에 속한다. 1980년까지 롯데는 한국에서 신흥재벌이었으며 1989년에는 한국 서울에 롯데월드라는 세계 최대의 테마파크를 개설하여 매년 800만 명 이상이 롯데월드를 방문하는 명소가 되었다. 2003년에 실시된 조사에 따르면 그의 차남 롯데그룹 부사장인 신동빈은 한국에서 고액납세자로 제2위에 올라 있다.

아더 콜(コール, 1965)에 의하면 경영자의 행동은 각각의 사회에 존재하는 고유한 사고와 행동양식이라는 문화구조에 지배되어 있다고 주장한다.[14] 재일동포 기업가 1세들이 가지고 있는 기업가정신은 모국의 유교 정신에 입각한 금의환향의 기업가정신으로 신격호 회장은 이를 한국과 일본에서 실천한 기업가라 할 수 있다[15]. 신격호 회장은 자신을 신뢰한 일본인을 배신해서는 안 된다는 것이 그의 신조였고 "일본에 사는 이상 일본 사회에 융합되어 일본을 위해서 최선을 다해야 한다. 이것이 언젠가

14) アーサー·H·コール, 中川敬一郎訳(1965)『経営と社会ー企業者史学序説』, 東京大学出版会, p.215.

15) 앞의 책, 하명생(2003), pp.127-141.

는 한국을 위한 것이 된다."는 기업가정신을 갖게 되었다. 또한, 롯데의 창업자인 신격호 회장은 창업 시절부터 시게미쓰 다케오(重光武雄)라는 일본명을 고수하였으며 재일동포라는 사실을 숨겼다. 그 이유는 재일동포 자신이 회사에 부정적인 영향을 줄 수 있다고 생각했기 때문이었다. 하지만 한국에서는 신격호라는 민족명을 사용하였으며 모국에 대한 롯데의 공헌은 최근까지 높이 평가되고 있다.

**표 10. 롯데의 경영전략과 기업가정신[16)]**

| 구 분 | 롯데 신격호 |
|---|---|
| 기업가적 자질 | • 유교식 교육, 울산농업전수학교 엘리트 교육, 와세다 실업 보통과 정시생, 문학청년, 사회적 지위 상승지향, 차별화, 창업가정신<br>• 일본 사회 융합과 공생, 신뢰중시, 차별에 맞선 끊임없는 도전과 열정, 업계 선견성과 예측성, 강한 리더십 |
| 경영전략 | • 껌을 씹는 행위 자체가 일본인들에게 부도덕한 행위로 간주하여 기업가들에게 시장성의 한계를 지적하는 문화구조의 극복. 1940년대 창업 초기부터 일본인을 대상으로 한 비즈니스 전략 |
| | • "조선인의 추잉검 생산을 저지해야 한다."는 민족적 감정을 내세운 일본인의 차별과 모욕, 질투와 반발에 대해 실력으로 승부(반동적 경영전략)<br>• 일본제과업계를 제패해야겠다는 집념과 열정(목표지향적)<br>• 일본인 업계의 차별에 대해 "공격이야말로 최대의 방어"라는 공격적 경영관(공격적 경영) |

16) 이 표는 본문의 내용과 연구결과를 바탕으로 연구자가 작성하였다.

| 구 분 | 롯데 신격호 |
|---|---|
| 기업가 정신 | • 모국투자와 한국경제발전을 지향하는 '금의환향'의 기업가정신<br>• 재일동포 기업 1세들이 가지고 있는 유교 정신에 입각한 '금의환향'의 기업가정신을 실천한 기업가<br>• 산업의 장래 확장성을 정확히 예측하는 기업가정신<br>• 자신을 믿어준 일본인을 배신해서는 안 된다는 것이 그의 믿음이었고 이를 계기로 나중에 "일본에 사는 이상 일본 사회에 융합되어 일본을 위해서 최선을 다해야 한다. 이것이 언젠가는 한국을 위한 것이 된다."라는 융화와 공생의 기업가정신 |

## 5. 창업혁신과 경영전략

이 연구의 목적은 재일동포기업 롯데의 경영전략 및 기업가정신을 고찰하는 데 있다. 재일동포기업이 일본에서 차별과 배제의 대상으로 한편으로는 재일동포기업가에 대한 일본 사회에서의 민족차별과 배제가 기업가의 민족정체성을 소멸하는 요인으로 작용하거나 반대로 기업가의 기업활동을 촉진하고 민족정체성을 더욱 강화함으로써 민족단체나 모국에 공헌활동을 지향하게 하는 것으로 나타났다. 이는 재일동포기업가들이 한국이나 일본 어느 한쪽에 편향된 기업전개를 했다기보다는 글로벌 기업으로서의 생존전략을 구사해왔다는 점을 사례를 통해 규명하고 향후 시사점을 제시하였다. 이 연구는 재일동포기업가들이 일본 사회의 차별과 배제라는 역경을 딛고 마이너리티 기업으로서 역동적인 사업을 전개하여 일본경제와 모국경제에 중요한 역할을 담당해 온 롯데 신격호 회장의 '기업가정신'을 도출하고자 하였다.

이 연구의 중심내용은 재일동포기업의 경영활동과 기업가정신에 대하여 모국의 사회적 요인, 경제적 요인, 정치적 요인이 기업가의 경영전략에 영향을 미칠 것으로 가정하고, 롯데의 경영전략으로서 정치적 요인인 모국과의 관계성과 기업가 개인적 특성인 기업가정신에 주목하여 분석하였다. 본 연구는 재일동포 사회가 전반적으로 다양화되고 있는 가운데 재일동포 1세 기업가의 모국과의 관계성에 주목하고 있다는 점에서 연구의 차별성을 가지고 있다.

연구결과를 제시하면 다음과 같다. 첫째, 재일동포기업의 창업요인에 대한 사회적 관점에서 재일동포들은 일본 주류사회에 진출할 수 있는 길이 제한적이고 경제적인 활동 이외에 자기실현 기회가 없었기 때문에 '틈새시장(Niche)'에서 창업의 길을 선택하였다. 이에 따라 재일동포 기업가 중 재능이 뛰어난 자나 상승지향이 강한 자들이 경제활동을 통해 자기실현을 위한 방편으로 경제계에 진출했다. 이들은 출신과 사회적 배경 때문에 경제활동에서 일본기업보다 상대적으로 유연성과 탁월성을 발휘하는 경우가 많았으며 재일동포 1세 기업가의 경우 유교 정신에 입각한 모국 기여와 '금의환향'의 기업가정신 소유자들이 많았고 생전에 이를 실천하려는 기업가들이 많았다.

둘째, 롯데의 신격호 회장은 경남 울주군 삼남면 시골에서 태어나 울산농업전수학교, 와세다대학실업보통과를 거쳐 1948년 6월 주식회사 롯데를 창업하였다. 문화적 관점에서 롯데의 껌산업은 일본에서 걸으면서 씹는 행위 자체를 일본인들이 부도

덕한 행위로 간주하여 기업가들에게 시장성의 한계를 지적하는 문화구조가 형성되어 있었으나 신격호 회장은 일본에서 미군 군정기 미군의 상징적인 식문화였던 껌에 몰려드는 어린이들의 광경을 목격하고 껌 산업의 장래 확장성을 예측하여 시장의 20% 정도를 점유하는 대기업으로 성장했다.

셋째, 경제적 경영전략적 관점에서 롯데 신격호 회장은 일본인 업계의 차별에 대해 "공격이야말로 최대의 방어"라는 공격적 경영관을 실천하고 상대회사와의 경쟁에 대비하여 영업력을 강화하는 전략을 적극적으로 구사하였다. 또한, 신격호 회장은 자신을 신뢰한 일본인을 배신해서는 안 된다는 것이 그의 신념이었고 "일본에 사는 이상 일본 사회에 융합되어 일본을 위해서 최선을 다해야 한다. 이것이 언젠가는 한국을 위한 것이 된다."는 기업가정신을 갖게 되었다. 한일 양국에서 롯데 신격호 회장은 창업 시절부터 시게미쓰 다케오(重光武雄)라는 일본명을 고수하였으며 재일동포라는 사실을 숨겼다. 하지만 한국에서는 신격호라는 민족명을 사용하였으며 모국에 대한 롯데의 기여는 오늘날까지 높이 평가되고 있다.

넷째, 정치적 관점에서 롯데는 1958년 이승만정권 때 모국투자를 개시하여 1961년 박정희정권의 탄생과 더불어 한국 롯데를 설립하여 롯데 식품으로 성공하였다. 1978년 박정희정권은 롯데 신격호 회장에게 건국훈장 무궁화장을 수여하여 한국을 대표하는 애국적 재일동포기업가라는 명칭을 부여했다. 1979년에는 한국최대 규모의 롯데호텔이 완성되었고 12월 한국최대의 롯데백화점 설립과 동시에 롯데리아 1호점이 탄생하였다. 롯데호텔은 1988년 서울올림픽의 관광무드를 계기로 정상궤도에 올랐다. 이를 통해 신격호 회장은 한국에서 다수의 신흥재벌을 형성하여 한국의 경제발전에 공헌한 애국적 기업가로서 금의환향의 기업가정신을 직접 실천한 인물이 되었다.

결론적으로 일본이라는 이질적인 사회환경에서 창업하여 거대한 글로벌기업을 구축한 롯데 신격호 회장은 그에 대한 다양한 논쟁과 평가가 존재하지만, 시대적 흐름을 간파하는 선견적인 예지능력, 신뢰를 바탕으로 한 공격적 경영이 한일 양국사회를 배려하는 글로벌 경영전략, 모국에 대한 적극적인 투자와 기여에 앞장선 금의환향의 기업가정신을 실천한 기업가로 높이 평가할 수 있을 것이다.

일반적으로 재일동포기업가의 일본사회에서의 민족차별과 편견은 기업가의 민족정체성을 소멸하는 요인이 되거나 반대로 기업가의 기업활동을 촉진하고 민족정체성을 더욱 강화시킴으로서 민족단체나 모국 공헌활동을 지향하게 하기도 한다는 점이다. 이는 재일동포기업가의 개인적 경험, 사회문화적 요인과 정치적 요인 등이 복합적으로 작용한 결과라고 볼 수 있을 것이다. 향후 연구에서는 재일동포사회의 다양화에 부응하여 재일동포기업가의 민족 정체성과 모국지향의 강약이라는 양쪽 사회의 이분법적 사고에서 벗어나 기업가의 다양한 사례를 발굴하고 이를 정리하는 심층적인 연구들이 필요할 것으로 생각된다.

## 제4절 사회적농업 케어팜과 지역혁신사례

### 1. 국내 케어팜과 지역경제 활성화

최근 유럽이나 선진농업국에서는 사회적농업의 형태로서 케어팜(Care Farming)이 증가하고 있으며 국가와 민간기업의 지원으로 다양하게 운영되고 있는 사례들이 출현하고 있다. 이는 농업이 생산에 초점을 둔 1차산업과 가공이나 유통이라는 2~3차 산업에 머무르지 않고 6차산업이나 관광농업을 넘어 치유농업으로 트렌드가 전환되고 있는 상황을 의미한다. 특히 유럽의 치유농업 선진국들은 국가별 치유농업의 개념과 목적, 영역, 대상 등이 명확히 설정되어 있고 국가 차원의 정책적 지원이 활성화되어 있다. 또한, 치유농장은 학교나 지역사회, 병원 등과 공식적으로 연계하여 지역공동체의 새로운 치료자원을 제공하고 참여자들의 정서적 안정감을 향상시키고 소득을 높이는데 기여하고 있다(김경미·문지혜외, 2013). 한국정부는 치매 노인 등 사회적 취약계층에 대한 맞춤 돌봄의 필요성에 대한 해결책을 모색하는 과정에서 농촌 기능의 활용에 주목한 바 있다. 이는 농촌재생과 농촌 융복합 사업추진과 맞물려 농촌의 생산기능과 자연적 요인을 활용한 다기능적 치료체계구축과 연계된 개념이다. 이와 관련하여 국내 케어팜의 연구는 네덜란드 케어팜의 사례를 통한 시사점 도출, 지역공동체 활성화와 미국 케어팜 사례분석 등 해외 성공사례와 국내 도입방안에 관한 연구를 진행한 바 있다.

케어팜, 즉 치유농업(Agro-Healing)은 자연환경을 기초로 농업과 농촌자원을 활용하는 것으로 그린케어(Green Care)라고도 하며 제공하는 서비스유형에 따라 원예치유, 산림치유, 농작업치유, 동물매개치유 등 다양하게 사용되고 있다. 최근 한국에서도 이러한 치유농업(Care Farming)으로서 원예치료(Horticultural Therapy), 동물매개치료(Animal Assisted Interventions) 등 그린케어(Green Care)에 대한 관심과 연구가 증가하는 추세이다. 한국정부도 6차 산업화 추진에 따라 농업의 생산기능과 농촌의 다기능적 요소를 부각시켜 농촌관광을 넘어 치유기능에 주목하고 있다. 여기에다 지자체의 '치유농업지도사 과정'의 도입과 그린케어 도입, 개별농장과 치유 관련 자격 보유자를 중심으로 그린케어 활동이 증가하는 추세이다. 국내에서의 케어팜의 연구는 시작단계로 농업의 치유효과, 도시농업 등에 대한 협의적 관점의 연구가 주를 이루어 왔다. 케어팜의 본격적인 연구는 김성학·장주연(2017), 송미령·성주인외(2018), 김상민·이소영(2018) 등으로 이들의 연구는 케어팜의 사례조사를 중심으로 국내외 실태를 분석하고 정책적 방향을 제시하고 있다.

국내 케어팜에 관한 주요 선행연구를 살펴보면 김경미·문지혜외(2013)은 치유농업 선진국의 정책과 제도, 조직, 관련법, 인력 등에 대한 문헌분석을 통해 치유농업의 개념을 정리한 바 있다. 또한, 한국의 치유농업의 현황과 특성 분석을 통해 치유농업의 정착과 발전을 위한 정책적 제안을 시도하였다. 여기에다 김옥진(2016)은 국내에서 운영 중인 케어팜 사례지를 대상으로 운영 여부 및 적합성을 확인한 후 운영주체별 유형(겸업형, 전업형, 기관주도형 등), 운영현황, 특성을 분석하여 시사점과 성공요인을 도출하였다. 이후 김상민·이소영(2017)는 한국형 치유관광모델을 제시하고 산림청에서 운영하는 치유의 숲을 방문하여 치유프로그램을 이용하는 치유관광객을 대상으로 치유효과를 규명하고자 시도하였다. 최근에는 케어팜을 도입하기 위한 시설과 프로그램 분석으로 최영환·김영주(2019)의 연구가 있고, 케어팜과 지역혁신 혹은 사회혁신의 모델로서 사회적 경제조직과의 연계를 시도한 유리나/황수철(2019)의 연구 등 케어팜의 연구가 점차 다양한 분야와 영역으로 확대되고 있다.

이와는 달리 김옥진(2016)은 축산동물을 활용한 케어팜 동물매개 치료방법, 치유농업의 국내외 비즈니스 사례분석을 통한 치유농업의 산업화 과제를 도출한 김경미(2017), 장혜숙(2019)의 치유농업과 고혈압의 상관관계를 규명하여 노인세대의 스트레스 해소와 혈압안정에 케어팜이 긍정적인 효과를 미친다는 연구 등 케어팜을 통한 지역공동체 활성화, 치료 활동, 농촌개발 효과에 대한 연구로 이동하는 현상을 보이지만, 케어팜에 대한 개념 정의나 치유농업의 효과, 그리고 사회적 합의를 이끌어가는 단계에 머무르고 있다.

현재 한국에서의 케어팜의 연구는 국내외적으로 관심이 폭발적으로 증가하고 있지만 다양한 분야에서 산발적으로 진행되고 있고 아직 실제적인 종합적 연구나 국가정책, 지원방안에 관한 연구는 미흡한 실정이다. 한국이 일본보다 고령화가 빠르게 진행되고 있는 상황에서 케어팜 관련 제도적 정책적 연구는 국가의 장래를 좌우하는 매우 시급한 연구과제라고 할 수 있다.

## 2. 일본 케어팜과 마을만들기

일본 정부는 "농림수산업과 지역의 활력 창조계획"(2013년 12월 결정, 2014년 6월 개정)에서 '인구감소사회에서의 농산어촌 활성화' 정책을 강조하고 있다. 이에 따라 2013년 농림수산성과 후생노동성이 농업과 복지연계라는 '농업-복지프로젝트'를 발표하였다. 핵심은 복지, 교육, 관광, 마을만들기와 연계한 도시와 농산어촌의 교류 추진으로 매력있는 농산어촌 만들기 정책에서 도시 농촌교류의 접점으로 복지분야에 주목하고 있다. 이 계획은 '6차 산업화 추진' 항목에서 의료-복지-먹거리-농(의복식농(醫福食農))의 연계를 통한 부가가치 제고와 혁신을 강조하고 있다.

또한 2016년 '일본 1억 총 활약 플랜'에서는 장애인의 특성에 따라서 능력을 최대한 발휘할 수 있도록 '농복연계(農福連携)'의 추진을 주장하고 있다. '장애인 기본계획'과 '경제 재정운영과 개혁의 기본방침 2018'에서도 농복연계의 중요성이 부각되어, 2024년도까지 농복연계 거점을 3,000개소로 늘리는 기본방침을 책정하였다. 농복연계는 농업·농촌에서 노동력 확보와 황폐농지 해소 등 지역 문제를 해결할 수 있고, 복지입장에는 복지 분야의 큰 과제인 장애인 등의 취업 장소 확보로 연계시키는 정책이라 할 수 있다.

이러한 선행연구로는 이이다교우코(飯田恭子, 2011)는 장애인 복지시설의 농업분야 진출사례를 분석하여 농복의 지식을 가진 인재양성의 필요성, 제도적 측면에서 농복연계의 중요성을 주장하였다. 하마다겐지(濱田健司, 2013)는 농업분야에서 장애인 고용 패턴을 주체별, 생산형태별로 분류하고 유형별 고용형태의 특징과 발전 방향성을 제시하였다. 야스나카세이지(安中誠司 2010)는 농업분야의 장애인 취업에 대하여 유형별 장애인 취업 과제와 지원방안을 제시하였다. 가와테도쿠야(川手督也 2015)는 일본농업 현황과 지원정책에 관한 연구에서 주로 치유농업과 농촌관광의 6차 산업화 차원에서 다루었다. 특히, 하마다겐지(濱田健司 2013, 2016)의 연구는 농업복지력을 강조하여 농업이 치유, 재활, 휴양, 삶의 질적 향상 등의 효과가 있고 복지목적인 사물과 서비스를 제공하는 농업활동을 복지농업으로 정의한 바 있다.

**표 11. 케어팜의 용어와 개념(전영현·임송수, 2016)**

| 용 어 | 대 상 | 정 의 |
|---|---|---|
| 원예요법 | 요법적 지원이 필요한 사람 | 의료나 복지영역의 지원을 필요로 하는 사람들의 행복을 원예를 통해 지원하는 활동 |
| 원예복지 | 모든 사람 | 원예의 효과와 혜택을 누림으로써 인간의 복지(행복)를 도모하는 활동 |
| 복지농업 | 장애인, 고령자, 생활 곤궁자 등 사회적 취약계층 | 농업의 복지력을 활용하여 레크레이션, 치료, 치유, 직업훈련, 일자리 제공을 하는 모든 농업 관련 활동 |
| 농복연계 | 장애인, 고령자, 생활 곤궁자 등 사회적 취약계층 | 농업 측면과 복지 측면의 연계로 농업분야에서 취약계층이 취업할 수 있는 일자리 혹은 거처를 만들고자 하는 노력의 총칭 |

## 3. 케어팜과 지역혁신사례

이 연구에서 유럽 사례와 비교하여 일본 사례를 선택한 이유는 농업-복지연계제도를 1994년 독일이 도입하였고, 2000년 일본이 도입하였으며, 2008년 한국이 도입과정을 거쳤기 때문이다. 또한, 일본이 독일의 제도도입을 참고하였으며, 한국도 독일과 일본의 제도도입을 참고하였다. 따라서 유럽의 제도와 함께 일본의 제도를 고찰하는 것은 매우 의미 있는 연구가 될 것으로 생각된다.

일본에서 케어팜의 대표적인 사례는 원예요법이다. 이것은 원래 원예복지라는 관점으로 1990년대부터 케어팜에 대한 관심이 고조되었다. 복지시설에서는 이용자의 정신적 신체적 소통적 측면의 효과를 기대할 수 있는 활동으로 원예활동이 활발하게 진행되었다(松尾英輔, 2005). 특히, 아키타현(秋田県) 오가타무라(大潟村)는 특별양호노인홈과 케어하우스 이용자 대상으로 복지시설에서 원예활동을 지속적으로 실천하기 위한 운영체제구축 및 활동프로그램을 구축한 바 있다(神田啓臣 他 5人, 2019). 또한 시즈오카(静岡) 하마마츠시미나미구(浜松市南区) 「교마루엔(京丸園)」은 종업원 100명 중 4분의 1인 25명이 장애인이다. 장애인의 농업활동으로 농원은 확대되었고 매출도 증가하였다. 농업현장에 장애인을 고용한 「농복제휴(農福連携)」의 선구자로서 2019년 농림수산제 경영다각화 부문에서 천황상을 수상하였다.

사회복지법인 수평회(水平会)는 종합복지시설 「horizon」에서 원예복지활동 프로그램을 적용한 결과, 시설입소 시 불안했던 이용자들의 마음이 안정되고 참가자도 증가하였으며 이용자 가족의 만족도가 높아졌다는 성과를 발표하였다. 그러나 원예 활용의 한계점은 시설 내 원예복지활동이 활발해지면서 참가자들의 비용증가에 대한 부담으로 점차 충분한 케어가 어려워지게 되었다는 점이다. 현재는 NPO 법인 단체의 도움을 받아 운영하고 있다.

## 제5절 ▶ 산림치유와 지역혁신사례

### 1. 산림자원의 활용

이 절에서 일본에서 산림자원을 활용한 지역경제 활성화와 지역혁신사례를 고찰하고자 한다. 산림자원을 활용한 산림치유는 산림테라피(therapy)라고도 부르며 과학적 검증을 바탕으로 한 산림욕의 효과를 지칭하며 산림환경을 이용한 심신의 건강을 유지하거나 증진하고 질병 예방을 도모하는 것이다. 일본에서 산림치유는 특정 비영리 활동법인 산림테라피 소사이어티에 의해 의학적 증거(효과)를 기초로 한 산림의 쾌적성 증진 효과, 치유효과 등을 건강유지와 증진 등에 적용하려는 노력의 총칭을 의미한다.[17)]

산림테라피 활동은 각 지역이 독자적으로 산림 속에서 호흡

---

17) 森本兼曩·宮崎良文·平野秀樹(2006) 『森林医学』 朝倉書店, p.370.

법, 요가, 아로마 테라피 등을 적용한 마음의 휴식프로그램, 산림 워킹, 노르딕 워킹 운동을 통한 피트니스 프로그램 운영 등이라 할 수 있다. 산림욕은 해수욕이나 일광욕처럼 산림에 들어가 수목의 향기를 마시고 정신적인 안정과 쾌적한 기분을 느끼는 행위이다.

산림요법은 산림욕을 바탕으로 한 산림 레크레이션을 비롯한 수목과 임산물을 활용한 작업 요법, 산림 속을 걸으면서 수행하는 카운셀링, 그룹워크, 산림의 지형과 공간을 이용한 의료재활, 유아 보육, 임산물을 이용한 아로마 테라피 등 산림환경을 종합적으로 이용하면서 건강을 증진시키는 테라피라고 할 수 있다.[18)]

산림욕과 달리 대상자의 수요에 맞게 건강증진, 생활습관병의 예방과 기분 개선, 심신 재활 등을 위해 목적과 수단을 부가하는 특징이 있다.[19)] 산림요법은 보완·대체요법의 하나로 유럽에서 수행되고 있는 자연요법 중 하나이다. 자연요법은 요양소에 환자를 체류시키고 자연식과 단식, 허브나 마사지 등으로 생명력을 증진시키고 병에서 자연적인 회복을 도모하는 요법이라 할 수 있다.

산림의 요법적 효과는 환자가 건강하게 되는 것뿐만 아니라 건강한 사람을 더욱 건강하게 만드는 것이다. 다양한 스트레스

---

18) 上原巌(2002)「森林療法」の可能性について」『グリーンエージ』 7 pp.8-14.

19) 上原巌(2009) 『実践！上原巌が行く森林療法最前線』 社団法人全国林業改良普及協会, pp.19-349.

를 경감하고 항상성을 유지하는 것으로 산림요법과 산림테라피를 수행함으로써 얻어지는 생리적 진정효과와 기분의 개선 효과를 말한다. 심신의 건강회복, 유지, 증진 효과, 스트레스 완화 효과, 유아의 건전한 육체적 정신적 발육 효과 등을 포함한다.[20] 건강의 정의는 육체적 이외에도 정신적 사회적 건강 개념을 포함하고 모든 것이 양호한 상태가 최고의 건강 상태라고 할 수 있다.

따라서, 산림치유는 산림자원을 활용하여 인간의 혈압, 맥박수, 코르티졸 농도의 생리적 변화와 불쾌, 불안 등 심리적 변화, 소통능력의 발달, 삶의 질 향상 등을 포함한 요법적 효과라고 할 수 있다.

## 2. 산림치유와 건강만들기

일본 정부는 1954년 일본 국민의료비 통계를 개시한 이후 의료비의 지속적인 증가에 대한 대응책으로 2008년 4월 '특정건강검사·특정보건지도제도'를 개시하였다(大和総研, 2015). 노동후생성은 '후생노동백서 2007년'에서 '지속 가능한 의료보험제도를 구축하기 위하여 치료를 중시한 의료에서 질병 예방을 중시한 보건의료로 전환'하였다(厚生労働省, 2007). 이것은 종래의 의료정책에서 근본적으로 탈피하여 예방을 중시한 정책으로 의료비 상승의 억제를 추진하는 정책이었다.

---

20) 岩崎寛(2007)「特集「福祉と環境」の統合緑地福祉学の構想と実践」『千葉大学公共研究』3(4), pp.64-87.

이러한 배경에는 1978년 개시된 '제1차 국민건강만들기 대책'에서 성인병 예방(생활습관병)의 제1차 예방증진을 위한 건강센터 등의 기반정비 등이 자리하고 있다. 1988년에는 제2차 국민건강만들기 대책을 개시하여 그동안 지연된 생활습관의 보급에 중점을 둔 건강증진사업의 추진을 목표로 건강만들기의 계발보급 중 건강휴양지(Kurort)의 추진을 명기했다.

2000년도부터 시작된 '제3차 국민건강만들기 대책(건강일본21)'에서는 건강수명의 연장과 건강증진사업을 추진하였다. 2013년도 '제4차국민건강만들기 대책(제2차 건강일본21)'에서는 건강수명의 연장, 생활습관병의 발병 예방과 중증화 예방의 철저 등을 기본적으로 추진하였다.

또한, 일본 국민건강보험개혁에서는 국민이 스스로 생활습관병 등의 예방과 경증화 등을 위해 활동하도록 개인이나 보험자의 노력을 촉진하는 인센티브 제도를 구축하였다. 이 가운데 의료비 적정화를 위한 개인의 노력에 대한 지원으로 보험자의 노력지원제도(예산규모 700~800억)를 2018년부터 본격적으로 실시하였다(厚生省, 2017). 이러한 제도의 목적은 국민이 직접 질병 감소예방에 적극적으로 관여하도록 하려는 의도였다.

그동안 일본에서 막연했던 산림테라피 효과가 증명되기 시작하면서 현대 의료가 대응할 수 없는 분야, 즉 스트레스 상태를 치료하는 보완대체요법의 중요성이 날로 높아지고 있다. 또한, 일본에서 산림의 효능이 생리학과 심리학 조사에서 확인됨에 따라 산림테라피 기지나 산림테라피 로드가 설치되었다. 여기에 국민 개개인의 건강증진이나 휴식을 목적으로 한 테라피 프로그램이 운영되어 생활습관병 예방과 경증화 등에 대한 기대가 높아지고 있는 상황이다(堀美智子編, 2009).

신체, 정신발달장애아, 병약아 대상 산림치유활동은 산보, 운동, 캠프, 레크레이션 활동 이외에 화단만들기, 야채재배 등 원예 요업이 주를 이루고 있다. 산림을 중심으로 한 야외치유로는 정신발달장애아들의 나뭇가지 흔들기, 잡초제거, 나뭇가지치기, 캠프장의 제벌목의 운반작업, 노이로제 환자의 산림 산책, 자연 산책을 통한 카운셀링 효과 등이 있다(上原嶺, 1997).

## 3. 산림자원과 지역혁신 사례

일본에서는 산림자원을 활용한 중점사업은 산림테라피 기지와 산림테라피 로드의 설치라 할 수 있다. 산림 테라피로드는 지난 2004년 산학 연계 산림 테라피 연구회가 발족되어 2005년 산림 테라피 기지와 산림 테라피 로드 설치가 인정되었고, 산림의 건강 휴양지로서 활용도가 급속히 확대되었다. 2012년 3월 시점에서 일본 전국 산림 테라피 기지 43개소, 산림 테라피 로드 5개소가 설치 운영되었다. 산림테라피 기지와 산림테라피로드는 나가노현 9개소, 후쿠오카현 3개소 등 대부분 주로 나가노현 집중되고 있다. 이들 지역 대부분은 관광객의 감소, 고령화와 과소화 문제에 직면한 지방의 새로운 매력으로 제안하여 마을 만들기 목적에서 시작되었다.

나가노현 시나노 마을에서는 산림테라피 이전부터 산림의 요법적 효과에 착안하여 체류형 헬스 투어리즘을 구축하고 교류

인구의 증가와 주민이 건강해지는 마을 만들기를 지향하여 지역 전체가 노력해 왔다. 시나노마을 산업관광과에서는 치유의 숲과 기업유치 전담 직원을 배치하고 있다. 2003년 치유의 숲 사업추진위원회 발족, 산림 가이드로서 산림 메디컬 트레이너를 양성하여 치유의 집에 선정되기도 했다. 치유의 집에서는 허브티와 지역 식재를 활용한 요리를 제공하고 있다. 산림 메디컬 트레이너와 '치유의 집' 오너들로 구성된 시나노마치 산림요법 연구회는 '휴식의 모임'을 결성하고 활동프로그램과 치유의 집 서비스 내용에 대하여 연수회를 개최하고 있다. 또한, 인근 병원과 연계하여 '치유의 산림 건강 강좌' 개최, 산림의 가치를 제고하는 활동을 추진하고 있다. 일본 전국 기업과 협업하여 사원의 정기 건강진단과 복리후생 일환으로 산림을 활용할 수 있도록 적극적으로 홍보하고 있다.

제5장

# 사회적경제와 국내 혁신성장

제5장

# 사회적경제와 국내 혁신성장

## 제1절 도시재생과 지역활성화

이 장에서는 한국정부의 도시재생사업에 의한 지역활성화 및 정책추진방향에 대하여 대전시 대덕구 오정동일대의 지역재생 사례를 통해 살펴보는 데 있다. 최근 글로벌화와 더불어 대기업 상권의 지역진출을 둘러싼 지역경제의 환경은 저출산 고령화를 배경으로 지역산업의 이탈과 주거지역의 공동화현상을 발생시켜 지역경제 활성화를 위한 대응전략이 요구되고 있다(小林美津江, 2011). 대전시 대덕구 오정동일대 지역도 예외는 아니어서 타 지역과 마찬가지로 인구감소로 인한 지역쇠퇴로 노후건축물의 증가, 빈 점포의 증가, 골목상권 쇠퇴 등 도시경쟁력의 저하라는 뚜렷한 지역적인 특징을 보이고 있다. 이 지역의 인구유출로 인한 지역상권 쇠퇴와 지역력의 저하는 오정동일대가 원래 가지고 있던 고유한 지역정체성을 상실하고 있기 때문에 이를 회복하기 위해서는 지역 건축가에 의한 주택 리모델링사업이나 상인들의 상권 활성화를 통한 교류인구의 증가로 지역 활성화를 도모할 필요가 있다.

오정동일대의 도시재생사업의 정책적 추진방향은 주거환경 개선, 골목상권의 활성화, 공동체의 활성화로 인한 지역일자리 창출효과와 지역주민의 사회활동참여 증가로 정부가 표방하고 있는 지역에서의 사회적 포용과 사회적 통합효과를 어느 정도 달성할 수 있을 것으로 생각된다. 이러한 차원에서 결국 도시재생사업은 쇠퇴지역에 거주하는 주민들을 대상으로 공동체를 활성화하는 것이 주요 목적이다. 이 때문에 오정동 거주 주민들이 이러한 목표를 달성하기 위해서는 지역 정체성의 재형성과 지역 매력의 회복, 상권 차별화를 통한 골목상권 활성화를 도모해야 할 필요성이 지적되고 있다(조선일보 마을공동체사업, 2019).

이 연구에서는 이러한 오정동일대의 도시쇠퇴문제를 해결하기 위하여 도시재생사업의 역사적 변천과정을 개괄하고 이러한 틀 속에서 오정동의 지리적 특성, 산업적 특성, 일반근린형 지역활성화와 도시재생사업의 추진목표 등 정책추진방향에 대하여 살펴보고자 한다.[1)]

---

1) 본 연구에서 다루고 있는 지역쇠퇴는 도시쇠퇴와 같은 개념으로 사용하고 있다. 도시쇠퇴(Urban Decline)는 도시가 형성, 성장, 쇠퇴, 소멸 등 변화의 과정을 겪는 유기체로 보는 관점이며 도시 전체 혹은 일부분이 인구, 고용, 영향력 등을 상실해가는 역도시화 현상을 가리킨다.

## 제2절 도시재생의 제도화과정

### 1. 도시재생의 출현

최근 저출산 고령화와 더불어 인구감소가 현저한 도시지역에서 지속 가능한 도시건설을 목적으로 집약형 도시구축과 공동체의 부활이라는 도시재생사업이 주목받고 있다(Clark, 1989).[2) ] 과거에는 한국의 경제성장을 견인하기 위한 수도권 중심의 개발정책에 따라 도시로의 인구가 집중되었지만 1990년대 이후 토지규제완화정책에 의해 도시의 교외화가 진행되었다. 이러한 현상은 최근 한국사회의 인구감소와 고령화 사회 진입으로 인한 도심공동화와 산업이탈문제를 야기시켰고 이를 해결하기 위한 집약형 도시구조의 실현을 통한 도시재생과 지속 가능한 도시를 구축하기 위한 산업재생의 노력으로 이어졌다.

이상과 같이 도시재생사업은 도시의 합리적 토지이용, 공공복지증진, 도시경관보호, 역사적 환경보존 등 공공목적 실현과 사적토지재산권보장 간의 이해관계조정이 중요한 문제로 부상하고 있다(임현성·김충호, 2019).[3)]

---

2) 도시재생이란 클락(Clark, 1989)에 따르면 도시쇠퇴를 회복 또는 극복하기 위한 의도적 노력의 과정으로 정의하고 있다.

3) 도시재생: https://search.daum.net/search?w=bookpage&bookId=3750711&tab=introduction&DA=LB98. 도시재생은 노후하여 쇠퇴한 지역을 물리적으로뿐만 아니라 사회문화적으로 개선하고 지역 주민들의 참여를 전제로 도시의 활력을 되찾도록 한다는 점에서 긍정적인 효과가 있다. 그러나 다른 한편으로는 젠트리피케이션으로 인해

도시재생사업은 현 정부가 사업비 약 50조원을 투입하는 뉴딜사업으로 주로 주거개선목적의 일자리창출에 역점을 많이 두고 있는 사업으로 평가되고 있다. 김귀순(2019)의 연구에 따르면, 도시재생 뉴딜사업은 크게 두 가지 측면에서 진행되고 있는 것으로 지적하고 있다. 하나는 도시재생지원센터를 중심으로 주거지역의 변화에 따른 마을주차장 등 기초생활인프라구축사업, 소규모정비사업, 도시재생연계사업, 빈집정리사업 등이 대표적이라 할 수 있다. 또 하나는 도심의 변화에 따른 유휴공간의 복합개발, 어울림 플랫폼개발, 지역특성화사업(역사, 문화, 상권 등), 창업인큐베이팅 공간 확보, 교통접근성제고 등으로 공동체 복원에 초점이 맞춰져 있다. 도심지역의 교외화와 산업이탈로 발생하는 빈집문제 해결에 관한 연구로는 김은란외(2019)의 연구가 있다. 이 연구에서는 빈집의 해결책으로 민관협의체 구성에 의한 주거환경개선사업, 도시재생(주거지재생), 임대주택공급 등을 제시하고 있다(김은란·강미나, 2019).

이 장의 연구주제와 관련된 도시재생사업의 연구는 경기도 내 도시쇠퇴현상을 분석한 임계호(2019)의 연구이다. 이 연구(경기도 도시재생지원센터, 2018)에서는 경기도 도시재생 대상지의 유형별 특성에 따른 분류에서 노후저층주거지, 노후상가밀집지역, 노후공장밀집지역, 노후택지지구와 미군반환공여구역으로 구분하였다. 이러한 문제는 여러 가지 측면에서 오정동일

---

도시의 원주민이 내몰리고 그 대신 중산층이 이 자리를 차지하는 심각한 부정적 효과를 초래하기도 한다.

대가 현재 직면하고 있는 문제와 중첩되어 나타나고 있는 현상과도 일치하고 있다(장윤배외, 2018). 특정 노후화된 지역의 도시재생에 관한 연구는 박연정·김훈(2019)의 집창촌이었던 전주시 '선미촌'의 인권 및 문화예술로의 공간재구성을 들 수 있다. 이 연구는 민관협력에 의한 선미촌 내 폐공가의 매입을 통한 예술촌프로젝트의 통합추진과 인권기억의 공간으로서 공원조성을 통한 도시재생사업의 성공사례로 꼽히고 있다. 이 절에서는 이러한 기존연구에 착안하여 오정동일대의 지역쇠퇴를 성공사례로 이끌기 위한 공간지리적 특성과 도시재생의 정책적 개선방향을 도출하고자 한다.

## 2. 도시재생의 법적 제도화과정

한국에서 초기 도시계획제도는 한국전쟁 등에 의한 도시문제 해결과 경제성장정책에 따른 산업화 및 도시화를 추진하기 위한 제도로 성립되었다. 다음 <표 12>에 제시한 바와 같이 해방이후 1960년대 초기까지는 한국도시계획제도의 발아기로서 1962년 '도시계획법' 제정에 의한 제1기(1960년~1980년), 도시기본계획제도(기본계획과 법정계획)의 도입(1981년)에 의한 제2기(1980년~2000년), 도시계획법의 전면개정(2000년) 및 국토계획법의 제정(2002년)에 의한 제3기(2000년 이후) 등으로 구분할 수 있다.

먼저 한국에서의 본격적인 도시화는 1950년대 한국전쟁의 휴전으로 전후복구 및 1960년대 경제성장주의를 계기로 1970년대 본격적인 경제성장 및 산업화에 따라 수도권으로의 인구집중을 유발시켰다. 1980년대에는 서울시의 도시팽창을 방지하기 위해 수도권과밀화의 억제정책을 추진했지만, 신시가지의 개발에 따른 주택공급 등에 의해 도시의 교외화가 가속화되어 도시공동화 및 도시경관이나 자연환경의 파괴 등 도시문제가 발생했다. 이와 같은 도시문제를 해결하기 위해 정부는 1990년대 초기 주민참가를 기반으로 하는 스마트성장관리, 콤팩트시티, 공공교통지향형개발(TOD : Transit Oriented Development) 등의 적용에 의한 물리적 측면을 중심으로 도시재생을 추진하는 '지속가능한 도시' 실현을 도모하기 시작했다. 2000년대 들어와서는 도시재생을 통한 '지속 가능한 도시'의 구축을 위해 도시계획 및 관련 사업에 다양한 이해관계자들의 참가를 중심으로 '협동적인 계획방식'을 적용하는 한편 도시공간에 관한 공공성의 확장을 골자로 하는 '창조적 환경공생도시' 등을 추진한 바 있다. 2010년에는 행정중심복합도시(세종특별자치시)의 건설사업과 연계하여 국토균형발전으로 지속가능한 발전을 도모하고 있다(Jee-Yeop, KIM·Jong-Dae, JUNG, 2007).

**표 12. 도시재생의 시대별 변천 과정(1945년 이후)**

| 구분 | 1945년~<br>1960년대 | 1970년대 | 1980년대 | 1990년대 | 2000년대 | 2010년대 |
|---|---|---|---|---|---|---|
| 배경 | 식민해방<br>한국전쟁<br>기반시설<br>구축 | 성장중심<br>도시개발<br>인구도시<br>집중 | 도시확산<br>도심재개발<br>주택공급 | 도시공동화<br>도시정비<br>주민참가 | 도시의<br>균형발전<br>집약형도시 | 국토의<br>균형발전<br>실현 |

| 구분 | 1945년~<br>1960년대 | 1970년대 | 1980년대 | 1990년대 | 2000년대 | 2010년대 |
|---|---|---|---|---|---|---|
| 체계 | 전후복구/<br>개발 | 계획적/<br>제도적<br>도시계획/<br>개발 | 신시가지<br>개발에<br>의한<br>주택공급 | 지속가능<br>도시 실현 | 환경공생<br>도시 | 성장<br>거점형<br>도시 |
| 방법 | 도시<br>계획법에<br>의한<br>도시계획/<br>정비 | 계획적<br>개발 방식<br>(구획정비<br>사업 등) | 계획적<br>도시<br>관리정책<br>(수도권<br>정비 등) | 스마트성장<br>콤팩트시티<br>TOD<br>(역세권 등) | 저탄소도시<br>창조도시<br>(복합개발<br>등) | 혁신도시 |
| 내용 | 공업도시<br>(울산)등<br>위성도시<br>(성남)등 | 서울<br>재개발<br>계획<br>아파트<br>단지 개발 | 신시가지<br>개발 | 신도시개발<br>(분당 등) | 뉴타운<br>(서울<br>은평구 등)<br>신도시<br>(판교 등)<br>협동적<br>계획/콤팩트<br>시티이론의<br>적용 | 행정중심<br>복합도시<br>(세종시)와<br>연계하는<br>지역거점<br>도시조성 |

출처 : 金在廷(2017)의 논문을 참고로 필자 작성

한국에서의 근대적 토지이용제도는 국가의 강력한 경찰권을 근거로 건물에 관한 붕괴 등의 재해방지와 일제강점기 시가지 관리 및 개발을 위한 목적으로 시작되었다. 해방이후 한국의 도시계획과 관련된 법체계는 다음 <표 13>에 제시하는 바와 같다. 한국정부는 1948년 '헌법' 제정에 의해 도시의 안전과 발전을 도모하면서 공공복리증진이라는 도시계획의 목적과 토지이용규제의 정당성을 제시했다. 도시계획법의 제정 및 운용에 의해 보건, 위생, 보안 등 특별한 목적을 위한 용도제한이 강화됨과 동시에 시가지의 무계획적 확산을 방지하기 위한 정책적 목적을 도모하는 수단으로 토지이용규제가 가능하게 되었다. 이에 따라 정부는 개발제한구역, 상수원보호구역, 자연보호구역 등 다양한 형태의 토지이용규제 관련법을 제정하였다.

1960년대는 정부의 경제개발중심 정책에 따라 도시의 급격한 팽창과 도시인구집중으로 토지이용규제에 관한 전면적인 개정의 필요성이 제기되었다. 1962년에는 '건축법' 제정에 의해 개별 건축물에서의 기본규제를 강화함과 동시에 주거, 상업, 공업, 녹지 등의 지역지정을 추진함으로써 효율적이고 균형적인 토지이용을 도모하기 위한 지역지구제를 근간으로 하는 '도시계획법'을 제정하였다. 1971년에는 도시계획법 개정으로 개인재산권보호와 행사 보장, 용도지구를 확대 강화하는 지역지구제를 추진하였다. 1980년대 후반에는 한국 민주화의 진전과 더불어 토지이용규제에서 합리적인 절차와 효율적 이용에 관한 요구로서 도시계획 및 개발에 관한 주민참가의 강화와 전문자문기구의 역할이 증대되었다. 1990년대에는 토지상세계획제도 등 다양한 용도지역제 및 개발밀도의 관리 수단이 도입되어 토지이용규제의 복잡 다양한 문제를 초래하기도 했다.

2000년대 들어서 정부는 도시재생에 관한 공공성의 강화를 목적으로 환경친화적 개발, 지속가능한 개발, 선 계획-후 개발의 국토관리체계를 원칙으로 하는 제4차국토종합계획(2000년-2020년)을 발표하였다. 특히 2002년도에는 국토와 도시에서의 관련법과 주택관련법을 전면 개정하여 '국토계획법'을 제정하였다. 이 법은 용도지역제의 강화, 밀도관리 및 건축제한 등의 강

**표 13. 도시재생 관련법 변천 과정(1945년 이후)**

| 구 분 | 연 도 | 관련법 | 주요 내용 |
|---|---|---|---|
| 공공복지 개념도입/ 도시계획법 제정 | 1948년 | 헌법제정(개인 토지재산권 보장/지방자치제 등) | 보건/위생/안전 등의 목적을 위한 용도제한이 강화, 개발제한구역/상수원보호구역/자연보호구역 등의 다양한 형태의 토지이용규제 관련법 제정 등 |
| | 1962년 | 도시계획법 제정(도시안전과 발전을 도모함과 동시에 공공복리 증진 등) | |
| 과도기/ 지속가능한 토지이용 및 도시재생 | 1972년 | 국토이용관리법 | 국토이용계획(토지거래규제/토지이용조정 등) |
| | 1982년 | 수도권정비계획법 | 과밀억제권역/성장관리권역 등(지정/행위규제) |
| | 2000년 | 개발제한구역의 지정 및 관리에 관한 법률 | 구역조정 및 규제완화 등 |
| | 2002년 | 국토기본법/국토계획법 도시 및 주거환경정비법 (도시정비법) | 도시지역/비도시지역 종합적 관리 |
| | 2004년 | 국가균형발전특별법 | 국토불균형발전해소(지역혁신/지방분산개발정책) |
| | 2005년 | 도시재정비촉진을 위한 특별법-도시재정비법[4] | 도시/지역 계획적 균형발전 |
| | 2006년 | 토지이용규제기본법 | 지역/지구 지정 및 관리 등 |
| | 2013년 | 도시재생활성화 및 지원에 관한 특별법 | 공공지원 및 주민네트워크 형성 등 |

출처: 金在廷(2017)의 논문자료를 참고하여 필자 작성

4) 도시재정비법은 신시가지 또는 신도시와 구시가지 간의 균형발전과 기반시설 확충을 위한 노후/불량지역의 광역개발에 의한 도시 인프라 개선, 역세권에 대한 집약개발을 통한 주택공급확대, 임대주택 건설의무 등을 통해 개발이익환수를 목적으로 공공의 개별사업에의 관리와 참여  활성화 등이 반영된 특별법으로 2005년 12월에 제정되었다.

화, 기반시설의 연동제 도입, 지구단위계획의 강화, 도시위원회 등 조직의 역할을 강화하였다. 또한 당시만 해도 개별 관리법에 의해 추진되었던 정비사업이 기존의 도시재개발법의 주택재개발사업과 도심재개발사업, 공장재개발사업, 도시저소득주민의 주거환경개선을 위한 임시조치법의 주거환경개선사업, 주택건설촉진법의 주택재건축사업에 관한 법률을 '도시 및 주거환경정비법(도시정비법)'으로 통합 제정하여 관련사업 규정을 일원화하였다. 이에 따라 지금까지 개별적으로 규정되어 있던 도시개발이나 주거환경의 개선 관련법을 통합하여 '도시 및 주거환경정비법(2002년)'으로 제정하였다.

또한 2005년도에는 도시의 광역적인 계획책정에 의해 도시인프라의 정비 및 도시기능의 회복을 목적으로 하는 '도시재정비촉진을 위한 특별법'을 제정하였다. 이것은 도시의 균형적인 발전과 경제적, 사회적, 문화적 활력을 회복하기 위한 공공역할과 지원강화에 의해 도시의 자생적 성장기반을 확충하고 도시의 경제력 재생, 지역공동체 회복 등 국민생활의 질적 향상을 목적으로 하는 '도시재생 활성화 및 지원에 관한 특별법'이 2013년에 제정되어 지속 가능한 도시구축을 목표로 실천하고 있다. 2016년 특별법은 도시환경의 개선 및 토지의 합리적인 이용, 공공복리 등을 위한 도시의 기능적인 관리를 목적으로 토지이용에 관한 계획 및 관리, 건축물의 종류와 형태, 공익개발에 관한 법체계로 나누어 시행되고 있다.

## 제3절 도시재생의 지역혁신사례

### 1. 공간 지리적 특성

대전 대덕구 오정동일대는 2018년 9월 국토부에서 추진하는 '2018년 도시재생 뉴딜사업' 대상지로 선정되었다(도시재생 뉴딜사업 추진, 2019). 일명 '북적북적 오정 & 한남 청춘스트리트 도시재생사업'의 목표는 대덕구와 한남대가 협력해 2022년까지 4년간 골목상권 활성화, 문화거점공간조성, 주거환경개선 및 자율주택 정비사업, 공동체 역량강화를 위한 창업지원 컨설팅 및 지역산업 맞춤형 일자리 창출사업 등을 시행하는 것이다. 일반적으로 도시재생뉴딜사업의 유형은 우리동네살리기, 주거지원형, 일반근린형, 중심시가지형, 경제기반형 등 5개 유형으로 구분되는데 이들 중 오정동은 '일반근린형'에 속한다.

이들을 상세히 살펴보면 먼저 우리동네살리기는 도시생활권 내에 도로 등 기초기반시설을 갖추고 있으나 인구유출, 주거지 노후화로 인한 활력상실지역에 대해 소규모주택정비사업 및 생활편의 공급 등으로 마을공동체 복원사업을 말한다. 둘째, 주거지 지원형은 도심지역의 원활한 주택개량을 위해 골목길정비 등 소규모 주택정비의 기반을 마련하고 소규모주택 정비사업 및 생활편의시설 공급 등 주거지 전반의 여건 개선사업이다. 셋째, 일반근린형은 주거와 골목상권이 혼재된 지역을 대상으로 골목상권과 무인택배 등 주민 체감형시설 개보수를 지원하여 공동체를 활성화하고 영세상권을 보호하는 사업이다. 넷째, 중심시가지형은 역사/문화/관광과의 연계를 통해 상권경쟁력을 확보하고 청년/소상공인 창업 인큐베이팅, 사회적경제 주체 육성 등을 지원하는 사업이다. 다섯째, 경제기반형은 국가/도시차원의 경제적 쇠퇴가 심각한 지역을 대상으로 복합 앵커시설 구축 등 신경제거점을 형성하는 일자리창출사업이다. 이들 도시재생의 사업모델에 대하여 보다 상세히 살펴보면, 다음 <표 14>와 같다.

이 연구에서는 오정동일대 사업대상지의 주거 및 골목상권의 쇠퇴현황을 파악하기 위해 주거와 비주거 현황을 조사하고 건축물의 용도를 전수 조사한 결과를 살펴보면 다음과 같다. 사업대상지는 주거와 비주거가 혼합된 지역으로 주거공간에는 창고 및 제조업의 진출이 진행되고 있는 것으로 나타났다. 또한, 주거기능의 타 용도 전환으로 인하여 주거지역이 감소하고 영세 제조업 및 창고의 증가로 기업체 수는 증가하고 있으나 주거와 연계된 골목상권은 질적으로 쇠퇴하고 있는 것으로 나타났다. 특히 2018년도 8월에 실시한 조사에 따르면, 비주거용도가 36% (130개)에서 52% (187개) 정도 증가한 것으로 나타났으며 건축물용도에서 창고 및 제조업의 주거지 내 확장이 현저한 것으로 나타났다. 대상지의 용도별 변화를 상세히 살펴보면, 창고가 55개(15.3%), 제조업이 76개(21.2%), 골목상권이 34개(9.5%), 기타가 22개(6.1%)로 나타나 대체로 이들 창고 및 제조업, 골목상권의 비율이 약간 증가한 것으로 나타났다.

표 14. 도시재생사업의 유형 분류

<table>
<tr><th rowspan="2">구분/<br>사업모델</th><th colspan="2">주거 재생형</th><th rowspan="2">일반<br>근린형</th><th rowspan="2">중심<br>시가지형</th><th rowspan="2">경제<br>기반형</th></tr>
<tr><th>우리동네<br>살리기</th><th>주거<br>지원형</th></tr>
<tr><td>사업내용</td><td>소규모주택 정비사업 및 생활편의 공급 등 마을공동체 복원사업</td><td>소규모주택 정비사업 및 생활편의 시설 공급 등 주거지 전반의 여건 개선사업</td><td>주민 체감형 시설 개보수 지원, 공동체 활성화, 영세상권을 보호 사업</td><td>역사/문화/관광 연계 상권경쟁력 확보/청년 소상공인 창업 인큐베이팅, 사회적경제 주체 육성 사업</td><td>복합 앵커시설 구축 등 신경제 거점 형성 일자리 창출사업</td></tr>
<tr><td>사업규모</td><td>소규모주거</td><td>주거</td><td>준주거, 골목상권</td><td>상업, 지역상권</td><td>산업, 지역경제</td></tr>
<tr><td>대상지역</td><td>소규모 저층 주거밀집 지역</td><td>저층주거밀집지역</td><td>골목상권과 주거지</td><td>상업, 창업, 역사, 관광, 문화예술 등</td><td>역세권, 산단, 항만 등</td></tr>
<tr><td>국비지원</td><td>50억원</td><td>100억원</td><td>1,000억원</td><td>150억원</td><td>250억원</td></tr>
<tr><td>집행기간</td><td>3년</td><td>4년</td><td>4년</td><td>5년</td><td>6년</td></tr>
<tr><td>권장규모<br>(㎡)</td><td>5만 이하</td><td>5-10만</td><td>10-15만</td><td>20만</td><td>50만</td></tr>
<tr><td>기반시설<br>도입</td><td>주차장, 공동이용 시설 등 편의시설</td><td>골목길정비+ 주차장, 공동이용 시설 등 생활편의 시설</td><td>소규모 공공복지 편의 시설</td><td>중규모 공공 복지 편의시시설</td><td>중규모 이상 공공복지 편의시설</td></tr>
<tr><td>선정규모<br>(2017년<br>기준)</td><td colspan="3">45개 내외(시도별 3개, 세종 1개, 제주1개) + 공공기관제안사업 10개</td><td colspan="2">15개(경제기반형 2개)</td></tr>
<tr><td>선정주체</td><td colspan="3">광역지자체</td><td colspan="2">정부</td></tr>
</table>

자료 : 도시재생 뉴딜사업, 네이버블로그 자료를 참고로 필자 추가작성

(2017년 12월 기준)

조사결과, 총 155개(창고 38개, 제조업 65개, 골목상권 29개, 기타 25개) 사업체의 용도변경에 따른 업종 변화의 추이를 살펴보면 다음과 같다. 먼저 주택 69개의 용도변경 내역을 살펴보면, 창고 11개, 제조업 26개, 골목상권 14개, 기타 18개였다. 창고는 총4개 중 제조업 11개, 골목상권 2개, 기타 1개였다. 제조업은 총 12개 중 창고 8개, 골목상권 2개, 기타 2개였다. 골목상권은 총 27개 중 창고 9개, 제조업 14개, 기타 4개였다. 그밖에 용도 변경된 사업체는 총 33개로 창고 8개, 제조업 14개, 골목상권 11개였다.

이상과 같이 오정동일대는 건축물용도면에서 창고 및 제조업의 확장이 현저하고 사업대상지의 용도변경은 주택과 골목상권에서 변경비율이 높게 나타났다. 구체적으로 주택은 제조업, 골목상권, 창고로 변경하는 비율이 높고 골목상권은 제조업이나 창고로 전환하는 비율이 높은 것으로 나타났다.

그림 1. 공간 지리적 특성(2018년 8월 시점)[5)]

5) 국민일보, 2018년 9월 3일.

## 2. 산업적 특성

대전시 대덕구 오정동 일대는 총 면적이 150,744 ㎡로 인구적으로는 최근 30년간 인구수가 20% 이상 감소한 지역으로 최근 5년간 3년 연속 인구가 감소한 것으로 나타났다. 이 일대의 산업은 최근 10년간 사업체수의 변동이 거의 없는 지역이지만 전체 건축물 중 준공된 지 20년 이상이 50% 이상을 차지하여 노후주택의 증가로 인한 건축물의 노후화가 뚜렷한 것을 알 수 있다.

오정동은 현재 대덕구청, 등기소 등 구 차원의 행정중심지 역할을 수행하고 있으며, 가로상권이 발달한 지역으로 한밭대로와 연계한 농수산물시장, 한남오거리 및 오정로 일원 공구상가 특화거리가 위치하고 있다. 인구는 전출인구의 증가로 지속적인 감소추세를 보이고 있으며 인구구조도 90년대 중반만 해도 20세-39세의 연령대가 가장 높았으나 2015년 시점에서는 50세-63세의 인구가 가장 높은 비중을 차지하였다. 오정동의 부동산 가격은 대전광역시 및 대덕구와 비교하여 상대적으로 높은 지역으로 나타났다. 도시재생과 관련된 이 지역의 주요자원은 창업특성화대학인 한남대학교가 유일하다.

아래 <표 15>에 제시하고 있는 바와 같이 오정동의 사업체 현황을 살펴보면, 도매 및 소매업의 비중이 가장 높고 다음으로는 음식점과 소매업이 높은 것으로 나타났다. 오정동의 경우 도매 및 소매업의 비율은 대전시 전체 및 대덕구에 비해 상대적으로 높게 나타났다. 다음 <표 15>에 제시하고 있는 바와 같이 오정동의 주요 사업체의 최근 5년간의 추이를 살펴보면 큰 변화는 없는 것으로 나타나고 있다. 그러나 대덕구  전체에서는 제조업 비중이 감소하고 음식 및 숙박업이 약간 증가하여 전체 사업자 수는 소폭 감소한 것으로 나타났다.

표 15. 사업체 현황 (2012년~2016년) (단위 : %)

| 연도 | 도매 및 소매업 | 제조업 | 숙박 및 음식점업 | 협회 및 단체 등 | 건설업 | 기타 |
|---|---|---|---|---|---|---|
| 2012년 | 47% | 15% | 10% | 8% | 5% | 15% |
| 2013년 | 46% | 15% | 10% | 8% | 6% | 16% |
| 2014년 | 47% | 15% | 10% | 7% | 6% | 15% |
| 2015년 | 46% | 15% | 9% | 7% | 6% | 16% |
| 2016년 | 47% | 16% | 9% | 7% | 6% | 16% |

자료 : 대덕구 사업체 현황을 바탕으로 연구자 작성

## 3. 지리적 쇠퇴요인과 산업이탈

오정동일대는 2009년 한때 재정비촉진지구로 지정되었지만 2013년에 해제되면서 재정비촉진사업이 제대로 추진되지 못하여 도시쇠퇴가 심화되었다. 이 지역은 20년 이상 저층 단독주택지가 밀집된 지역으로 2009년도 재정비촉진지구로 지정되어 건축물의 신증축 및 토지거래 등 개인재산권 행사에 제한을 받아왔다. 그러나 기반시설 조성사업을 포함한 제반 사업진행이 제대로 이루어지지 못한 채 촉진지구에서 해제되어 사업대상지의 쇠퇴가 가속화되었다. 더욱이 오정동 상권의 대부분을 차지하고 있는 주요 산업인 농수산물 유통산업과 공구상가의 특성상 인구의 지속적인 유출과 주거지역의 공동화 현상이 심각한 지역이었다.

오정동은 과거 지역의 특성상 유동인구가 많고 활력이 넘치는 지역으로 인식되었지만, 상인들의 주거지와 상업지의 불일치로 일과 후 유동인구감소에 따른 골목상권의 쇠퇴와 주거지역의 공동화가 진행되었다. 이로 인해 저녁시간대 유동인구가 적고 가로등과 보안시설의 부족으로 안전에 대한 주민들의 불안감이 커지고 있으며 주택, 소매점포, 창고 등의 혼재로 상업지역의 야간 공동화 현상이 심각하게 나타났다.

전반적으로 오정동 일대의 산업이탈현상은 극심하지는 않지만, 주민들이 체감하는 골목상권의 빈 점포나 빈 가게들이 증가하고 있다. 따라서 현재 오정동 주변으로 조성된 공구상가(공구, 조명, 사무용품 등)와 연계하여 사업대상지에 주민참여의 새로운 상권형성이 필요하다. 또한, 오정동 지역의 특성, 소규모창업, 주민참여, 지역 재생자원 등을 종합적으로 고려한 지속가능한 사업발굴과 공구상가를 대표하는 새로운 지역 미래비전을 수립해야 할 것이다. 이를 위해서는 향후 첫째, 주민주도의 자율적인 주거지 정비사업으로 자율주택정비를 통한 지속 가능한 주거 정비실현, 둘째, 주거지역 공동화를 극복하는 방안으로 유동인구 유입을 통한 사업대상지 활력 부여, 셋째, 지역밀착형 미래비전 발굴을 위한 주민공동체와 한남대를 연계하는 지역 특성화 일자리창출 등을 추진해야 한다.

## 4. 도시재생과 지역 활성화

전술한 바와 같이 오정동 일대는 인구감소, 골목상권 쇠퇴, 건축물의 노후화 등이 현저하여 경제에 활력을 불어넣기 위한 도시재생사업이 필요한 시점이다. 이 지역의 인구학적 특징은 자연적 감소보다 사회적 인구이동에 따른 감소현상이 뚜렷하고 산업적으로는 농수산물유통시장과 공구상가의 밀집지역의 특성상 산업적 이탈현상은 저조하지만, 주민이 체감하는 상권의 급속한 쇠락, 상업지의 특성상 야간활동인구가 적고 창고시설이 많아 공동체 활동공간이 부족한 상황이다.

이를 해결하는 방안으로서는 다음과 같은 세 가지를 제시할 수 있다. 먼저 이 지역의 특징인 주택과 창고의 혼재로 도로에 주정차 된 차량으로 인한 교통 불편 및 상업지 특유의 공동화 현상으로 불안감이 가중되고 있는 바 이를 해결하는 방안과 대책이 필요하다. 이러한 주거지 해결관리방안으로서는 다음 <표 16>에 제시하고 있는 바와 같이 빈집이나 소규모주택정비법에 따른 '자율주택정비사업추진'을 통한 주거지 자력갱신, 골목환경정비를 통한 방범시설조성(CCTV 등)과 시설물 정비 등이다. 둘째, 골목상권의 활성화방안이다. 골목상권 중심지역 대로변은 영업시간 종료 이후부터 인구의 급격한 감소로 소규모상권의 쇠퇴로 이어지고 있다. 농수산물유통시장과 공구상가 이외의 주민생활과 연계할 수 있는 생활밀착형 업종이 부재하기 때문에 이에 대한 대책이 필요하다. 또한, 일과시간인 오후 18시 이후 유통인구를 대상으로 하는 특화상권을 개발하고 기존상권과 주민공동체가 연계하여 지역특화산업을 창업하거나 일자리창출을 모색하는 방안이다. 셋째, 사업대상지의 공동체 활성화방안이다. 사업대상지의 주민들을 대상으로 연령별 목적별로 주민활동을 지원하는 공동체 활성화를 위한 모임공간이 부족하다. 이 때문에 주민공동체 활동을 위한 구심점 부족이나 공동체 역량강화가 매우 어렵다.

이상과 같은 문제를 해결하기 위해서는 공동체 활동의 근거지를 마련하고 공동체 리더 육성을 위한 역량강화 프로그램을 운영해야 할 것으로 생각된다. 또한, 지역공동체형성이 상권 활성화에 미치는 역할의 중요성을 감안하여 적극적인 참여를 유도해야 한다. 결국, 이러한 지역참여활동을 통해 사업대상지에서 문화공간을 조성하고 창업활동지원에 활력을 불어넣어야 지역 활성화로 이어질 것이다.

**표 16. 도시재생사업과 지역 활성화**[6)]

| 구 분 | 지역활성화방안 | 도시재생 연계사업 |
| --- | --- | --- |
| 주거 및 생활환경 개선 | • 골목활성화를 위한 소상공인 지원 및 주민사업지원<br>• 빈집이나 소규모주택정비법에 따른 '자율주택정비사업추진'을 통한 주거지 자력 갱신<br>• 골목환경정비를 통한 방범 시설조성(CCTV 등)과 시설물 정비 | • 스마트 주차관리 시스템, 골목환경 개선사업, 자율주택 정비사업 등<br>• 공가 및 폐가 활용을 통한 청년주택(쉐어하우스) 조성 |

6) 이 표는 본문의 내용을 바탕으로 연구자가 작성하였다.

| 구 분 | 지역활성화방안 | 도시재생 연계사업 |
|---|---|---|
| 골목상권 활성화 | • 골목환경정비(담장 및 시설물)를 통한 주거지 환경개선<br>• 18시 이후 유통인구를 대상으로 하는 특화상권을 발굴하여 구상<br>• 기존상권과 주민공동체가 연계하여 지역특화산업을 창업하거나 일자리를 창출 방안 모색 | • 도시재생어울림 플랫폼, 청년 테스트베드, 창업지원주택건설, 고가하부공간 디자인 및 야간경관 특화사업, 지역공헌센터 운영, 복합문화공간 조성, 지역사회 연계형 식당, 지역공동체 일자리 지원사업, 먹거리골목 특성화 가로조성사업 등<br>• 지역특성화 가로조성을 통한 청년창업 스트리트 조성 |
| 지역공동체 역량강화 및 활성화 | • 공동체조직을 중심으로 공유경제공동체 육성 및 공모사업 지원<br>• 공동체 활동의 근거지를 마련하고 공동체 리더 육성을 위한 역량강화 프로그램을 운영<br>• 공동체가 지역활성화에 미치는 역할의 중요성을 강조하여 적극적인 참여 유도 | • 창업지원 컨설팅, 도시재생대학: 공동체 역량강화, 주민공모 제안사업, 활성화계획 수립,<br>• 소상공인 대상 창업 및 업종변경컨설팅 교육 |

## 5. 도시재생의 추진목표

오정동일대는 최근 30년간 인구의 변화과정을 살펴보면, 최고치에 달했던 2000년 25,614명과 비교하여 2014년 인구증감율은 -29.9%를 기록하여 2010년 이후 지속적인 감소추세를 보여

왔다. 인구감소로 인한 지역 산업이탈도 가속화되고 있는 가운데 최근 10년간 총 사업체수가 가장 많았던 2013년에 3,699개에서 2013년 이후 거의 정체상태에 머물러 있다. 또한, 대부분 주택건물들이 준공 20년 이상이 지난 노후화 건물 비율이 64% 정도를 차지하여 전체적으로 건축물의 노후화 현상이 심각한 것으로 나타났다. 이에 따라 사업대상지는 인구의 지속적인 감소와 주거기능 쇠퇴현상이 발생하고 있으며 산업이탈 현상은 실제로 크지는 않으나 주민들이 체감하고 있는 골목상권의 쇠퇴현상은 매우 큰 것으로 나타나 지역활성화를 위한 신규사업 발굴이 필요한 지역이다.

**표 17. 도시재생사업의 정책목표[8)]**

| 추진목표 | 구체적인 활성화 추진내용 |
|---|---|
| 주거복지실현 | 노후건축물 정비, 공가 및 폐가의 활용, 주차장확보, 주거공원 및 녹지면적확보, 생활안전시설 설치, 마을개선 적극 참여유도 등 |
| 도시경쟁력 강화 | 통행량증가, 지방세 징수액 증가, 상권 활성화, 빈점포 비율감소, 문화시설방문자수 증가, 문화기반시설 확보, 방문관광객수 증가, 녹색환경재생, 상권만족도 향상 등 |
| 일자리창출 | 상권 총 종사자수 증가, 경제활동비율 증가, 서비스 사업체 수 및 종사자수 증가, 주민공동사업 창업, 주민공동사업 종사자수 증가, 주민공동사업 매출액 증가 등 |
| 사회적 통합 | 기초생활수급자 사회활동참여 증가, 고령자 주거 및 사회복지서비스 향상, 협동조합 및 사회적기업 수 증가, 젠트리피케이션방지[7)]상생협약, 공동체 활동 참여자 수 증가 등 |

이러한 상황에서 오정동일대 도시재생사업의 추진방향은 위의 <표 17>에서 제시하고 있는 바와 같이 주민생활환경개선, 생활밀착형 기초생활 인프라확충, 공동체 시설 조성 등으로 요약된다. 먼저 주거생활환경개선사업은 골목환경정비를 통해 야간에 취약한 범죄로부터 안전 기법을 활용한 방범체계구축과 주민공동체 순찰을 통해 주거안정성을 확보하고 통신선 등 환경저해요인 등의 정비를 추진해야 한다. 이와 더불어 노후불량주택정비를 위해 자율주택정비사업을 실시하여 주거환경을 개선해야 한다. 생활밀착형 기초생활 인프라확충은 스마트 주차관리시스템 구축을 통해 노상주차장의 효율적인 관리를 도모하는 것을 말한다. 공동체시설 조성은 주민공동체 지원 및 활성화를 통해 사업대상지 내 빈 공간 및 폐가지역에 복합커뮤니티센터 조성과 공동체 운영계획 마련으로 공동체의 활성화를 도모하는 것을 가리킨다.

이러한 도시재생사업은 결과적으로 오정동일대를 중심으로 신상권의 창업을 통한 일자리창출효과와 이를 통한 지역주민의 고용창출로 이어질 것으로 기대된다. 일자리창출효과는 사업추진과정에서 직접 고용되는 신규일자리창출과 사업비 지원을 통해 창출되는 신규일자리창출, 지역공동체 일자리 지원사업을 통한 공유경제기반의 지역밀착형 창업생태계 조성 등의 효과를

7) 젠트리피케이션 : https://minsing2.tistory.com/356. 젠트리피케이션은 낙후된 구도심 역이 활성화되어 중산층 이상의 계층이 유입됨으로써 기존의 저소득층 원주민을 대체하는 현상을 가리킨다.

8) 이 표는 본문의 내용을 바탕으로 연구자가 작성하였다.

기대할 수 있을 것이다.

## 제4절 ▶ 도시재생과 사회적경제

이 장의 목적은 정부 도시재생사업에 의한 지역 활성화 및 정책추진 방향에 대하여 대전시 대덕구 오정동일대의 지역재생사례를 통한 정책적 추진방향을 고찰하는 데 있다. 도시재생사업은 쇠퇴지역에 거주하는 주민들을 중심으로 공동체를 활성화하는 것이 주요 목적이기 때문에 이러한 사회적 문제를 해결하기 위한 오정동의 지리적 특성, 산업적 특성, 일반근린형 지역활성화와 도시재생사업의 추진목표 등에 대하여 살펴보았다. 일반적으로 도시재생사업의 유형은 우리동네살리기, 주거지원형, 일반근린형, 중심시가지형, 경제기반형 등 5개 유형으로 구분할 수 있는데 오정동은 '일반근린형'에 속한다. 일반근린형은 주거와 골목상권이 혼재된 지역을 대상으로 골목상권과 무인택배 등 주민 체감형시설의 개보수를 지원하여 공동체를 활성화하고 영세상권을 보호하는 사업을 말한다. 연구결과, 오정동일대의 도시쇠퇴의 지역적 특성과 도시재생의 정책적 추진방향은 다음과 같다.

첫째, 사업대상지의 공간 지리적 특성은 주거와 비주거가 혼합된 지역으로 주거공간에는 창고 및 제조업의 진출이 활발한 것으로 나타났다. 구체적으로 주택은 제조업, 골목상권, 창고로 변경하는 비율이 높고 골목상권은 제조업이나 창고로의 전환비율이 높은 것으로 나타났다.

둘째, 산업적 특성은 도매 및 소매업의 비중이 높고 다음으로는 음식점과 소매업이 높은 것으로 나타났다. 특히 오정동의 도매 및 소매업 비율은 대전시 전체 및 대덕구보다 상대적으로 높게 나타났다.

셋째, 오정동은 재정비 촉진지구에서 해제되어 사업대상지의 쇠퇴가 가속화된 사례에 해당된다. 또한, 오정동 상권의 대부분을 차지하고 있는 주요 산업인 농수산물 유통산업과 공구상가의 특성상 인구의 지속적인 유출과 주거지역의 공동화가 심각한 것으로 나타났다. 특히 상업지의 특성상 일과 후 유동인구감소로 골목상권의 쇠퇴와 주거지역의 야간 공동화현상이 심각한 것으로 나타났다.

넷째, 이에 따라 오정동 일대는 인구감소, 골목상권 쇠퇴, 건축물의 노후화 등이 현저한 것으로 나타났다. 이러한 문제해결의 정책적 추진방향은 주거생활환경개선, 골목상권 활성화, 공동체 활성화 사업 등의 추진으로 일정 부분 개선될 것으로 생각된다.

다섯째, 도시재생사업으로서 오정동의 향후 정책적 추진방향은 도시경쟁력 강화를 통한 일자리창출과 사회적 통합으로 이어져야 할 것으로 생각된다. 이를 위해서는 오정동의 도시재생사업을 통한 고용창출과 지역공동체 일자리창출, 공유경제를 바탕으로 한 창업생태계 구축 등이 심각하게 고려되어야 할 것으로 생각된다.

결론적으로 이 장에서는 오정동일대를 중심으로 도시쇠퇴의 지리적 특성과 실태를 분석하고 이를 바탕으로 도시재생의 정책적 추진방향을 고찰하였다는 점에서 연구의 의의가 있다. 이 연구는 오정동지역에 한정된 사례연구에 해당하지만, 향후 오정동이라는 지역적 한계를 극복하고 보완하는 다양한 후속연구들이 등장하기를 기대한다.

제6장

# 사회적경제와 교육 혁신

제6장

# 사회적경제와 교육 혁신

## 제1절 주권자 교육

일본에서 전후 교육개혁은 전쟁 직후 문부성 장관을 역임한 마에다 다몬(前田多門)을 중심으로 공민교육을 교육의 핵심으로 결정하면서 본격적으로 진행되었다. 당시 일본학교 교육에서 존재하지 않았던 전후 새로운 '공민과'를 설치하는 공민과 구상을 전개하였다. 한편 일본 사회교육에서도 부활한 사회 교육국의 지시 하에 전후 최초로 총선(1946년 4월)을 치르기 위한 일련의 공민계발 정책이 사회교육의 핵심으로서 공민관 구상을 제안하였다.

이러한 일본 정부의 일련의 공민계발 정책에 근거하여 학교 교직원들이 주도하는 공민교육 강습회의 개최, 마을회에서 공민 모임의 개최, 전쟁 전 선거 숙정 운동에도 활용되었던 종이 인형극이나 각종 인쇄물의 발행 등에 의해 공민계발이 수행되었다. 이들의 특징은 입헌정치나 선거의 의의를 전후 민주주의와 연계하려는 의지가 약했고 새로운 유권자가 된 청년이나 여성(혹은 부인)을 대상으로 어떻게 선거에 참여시키고, 또한 전후 최초로 시도된 총선거를 원활하게 치를 것인가를 중시하였다. 한편 일본 정부의 공민관 구상은 전후 헌법이나 구 교육기본법 정신에 의해 지역사회로부터 민주주의를 구축해나가는 주체로서 '공민'을 양성하는 거점기관의 역할을 기대하고 동시에 '신헌법의 정신을 일상생활에서 구현하기 위한 항구적 시설'로서 전국 각지에 건립되었다.

일본에서 1950년대 본격화된 전후 선거계발과의 관계에 대해서는 상시계발을 진행하는 가운데 선거관리위원회와 교육위원회(특히 사회교육 행정), 사회교육관계자단체(청년조직, 부인조직, 마을회 등) 등이 연계하여 당시 공민관에서도 선거, 정치, 사회문제를 주제로 활발한 논의를 전개하였다.[1)]

이 장에서 선거계발은 선거기간에 유권자에 대하여 선거에 필요한 사항의 주지(홍보) 및 투표 참여를 호소할 목적으로 수행하는 임시계발은 물론이고 일상생활에서 유권자의 정치의식 향상 및 선거실현을 목적으로 수행하는 상시계발을 지칭한다. 선거계발은 공정한 선거를 지향하는 선거정화 운동의 측면과 유권자의 정치의식 향상, 투표 참여를 촉진하는 정치교육운동의 측면도 있지만, 후자는 사회교육활동의 하나의 사례로 볼 수 있

---

1) 上原直人(2018)「選挙啓発の歴史的展開と社会教育」『Voters』44号, pp.22-23.

다. 사회교육은 '학교교육과정으로서 수행되는 교육활동을 제외하고 주로 청소년이나 성인을 대상으로 수행되는 조직적인 교육활동(사회교육법 제2조)'를 가리키지만, 실제로 선거계발에서는 청소년이나 성인을 대상으로 선거제도, 정치, 사회를 주제로 한 강좌형 사업을 포함하고 있다.

1949년에 제정된 일본 사회교육법에서 사회교육활동의 거점으로서 지역 공민관이 설립된 것처럼 전후 일본 사회교육은 특히 지역사회에서의 주민 학습활동이 중시되었다. 따라서 선거계발을 유권자의 정치의식 향상을 효과적으로 연계시키기 위한 지역사회에서의 생활에 기반을 둔 학습활동과 밀접하게 관련 있는 사회교육의 방식이 중요해졌다.

일본 헌법의 개정 절차에 따른 법률 일부를 개정하는 법률안이 2014년 6월 20일 공포되어 2018년 6월 21일 이후 국민투표부터 선거권 연령이 만 18세 이상으로 하향되었다. 또한, 공직선거법 등의 일부를 개정하는 법률이 2015년 6월 19일에 공포되어(2016년 6월 19일 시행) 선거권 연령이 만 18세 이상으로 하향되었다.

따라서 이 장에서는 일본에서 전후 공민교육의 구상과 선거권 연령 하향의 배경에 대하여 살펴보고, 2016년 참의원의원선거와 2017년 중의원선거의 결과를 토대로 주권자교육의 등장과 필요성에 대하여 고찰함으로써 향후 한국 사회에서 적용 가능한 시사점을 제공하고자 한다.

## 제2절 선거권연령 하향의 역사적 배경과 의미

### 1. 선거권연령 하향의 역사적 의미

일본에서 성년연령이 20세로 정해진 역사적 배경은 1876년으로 거슬러 올라가 몇 세가 성년이라는 확실한 기준이 없고 관민의 불일치가 현저하여 21세를 성년으로 하는 대보령과 외국제도 등을 고려한 결과 만 20세 이상을 성년으로 정하였다.[2] 이후 성년연령에 대한 하향 논의가 시작된 계기는 2007년 5월에 제정된 '일본 헌법의 개정 절차에 관한 법률(이하 국민투표법)'이 헌법 개정을 통해 국민투표권을 가진 자의 연령(이하 국민투표연령)을 만 18세 이상으로 결정하여 동 법의 부칙에도 성년연령을 정하는 민법 등의 수정조항이 만들어졌다.[3]

일본에서 국민투표연령이 18세로 변경된 이유는 국민투표연

2) 일본에서 성년의 의미는 한 사람의 어른으로서 인정되는 연령으로 옛날에는 정년(丁年)으로 불렀다. 일본에서 최초로 성인 연령이 정해지게 된 연혁은 8세기 초에 제정된 대보령(大宝令)이 과세나 병역의무를 지는 정정(正丁)을 21세 이상(당시 21세는 태어난 해의 나이로 만으로 20세에 해당)으로 정한 것으로 거슬러 올라간다. (中辻雄一郎(2014)「成年年齢の引き下げ」『民事月報』69(7) p.4), 대보령의 정정은 과세와 병역의무의 기준을 정한 것으로 이것을 가지고 사법상의 행위능력의 기준연령인 오늘날의 성년제라고 볼 수 없다는 견해가 일반적이다(法制審議会7, p.15).

3) 内田亜也子(2017)「民法の成年年齢引き下げの意義と課題ー未来を担う若年者の自立への期待と新たな支援対策の必要性ー」『立法と調査』395, pp.64-66.

령을 18세로 정하는 것이 국제표준이라는 것과 헌법 개정을 위한 국민투표에 가능한 많은 국민, 특히 미래 일본을 이끌어가는 젊은 세대들이 대거 참여하도록 유도하려는 의도에서 비롯되었다.[4)]

외국에서는 국민투표연령과 공직선거법의 선거권을 가진 자의 연령(선거연령) 및 성년연령이 기본적으로 일치하고 있는 사례가 많아 일본에서도 성년연령을 검토해야 한다는 의견이 많았다.[5)] 이에 국민투표법 부칙 제3조에서 ① 국가는 국민투표법이 시행되는 2010년 5월 18일까지 만 18세 이상 만 20세 미만의 자가 국정 선거에 참여할 수 있도록 공직선거법, 성년연령을 결정하는 민법, 기타 법령의 규정에 관하여 검토하고 필요한 법제상의 조치를 강구 할 것이며 ② 해당 조치가 강구되고 연령 만 18세 이상 만 20세 미만의 자가 국정 선거에 참여할 수 있을 때까지 헌법 개정을 위한 국민투표 연령은 만 20세 이상으로 정한다고 발표하였다.[6)]

---

4) 第166回国会参議院日本憲法に関する調査特別委員会会議録第4号, p.30(2007.04.19.).

5) 일본 제164회 국회 중의원 일본 헌법에 관한 조사특별위원 회의록 제3호 1항(2006년 3월 9일). 부칙 3조가 설치된 이유로는 선거연령이 전후 20세로 하향된 것은 성년연령이 20세라는 것이며 민법상의 판단능력과 참정권의 판단능력이 일치해야 한다. 선거연령과 국민투표연령은 같은 참정권이기 때문에 일치시켜야 한다. 모든 외국에서도 성년연령에 맞추어 18세 이상의 국민에게 투표권과 선거권을 부여하는 사례가 많다고 설명하고 있다.

6) 일본에서 헌법개정을 위한 국민투표에 대하여 중의원에서 당시 여당(자민/공명)과 민주당으로부터 각각의 법률안이 제출되어 이후 여당으로부터 양 법률안을 일원화하는 수정안 제출되어 가결되었다. 당초 국민투표연령에 대하여 여당 안은 20세 이상, 민주당 안은 18

이상과 같이 일본 국민투표법 부칙 3조가 결정된 배경에는 외국에서 국가 대부분이 성년연령을 18세로 정하고 있다는 점에 기인하고 있다.7) 다음에 제시한 바와 같이 외국의 성년연령 등의 법정 기준을 살펴보면 <표 18>과 같다. 과거 대륙법계 외국법의 루트인 로마법은 성년연령을 25세로, 영미법계 외국법의 루트인 커먼로(Common Law)는 성년연령을 21세로 정하고 있다. 이후 베트남전쟁을 계기로 징병연령 등의 하향과 더불어 1970년대 성년연령을 18세로 하향한 국가들이 많았고 G7 등의 주요 국가 등을 포함하여 성년연령을 18세로 정하는 국가들이 다수 출현하였다.8)

또한, 사법상의 성년연령과 선거권 연령을 일치시키는 국가도 존재하여 성년연령의 데이터가 있는 국가 및 지역(187개국(지역포함)) 가운데 성년연령이 18세(16, 17세를 포함)인 국가는 141개국, 성년연령과 선거연령이 일치하는 국가는 134개국에 달했다.9)

---

세 이상(안건에 따라서는 국회의결에 의해 16세까지 하향)이었지만 수정안에 의해 18세 이상으로 되었으며 이를 통합하는 형태의 부칙 3조가 신설되었다.

7) 法制審議会「民法の成年年齢の引き下げについての意見」別添; 法制審議会民法成年年齢部会「民法の成年年齢の引き下げについての最終報告書」(2009年10月28日), p.7.

8) 中村新造(2016)「民法の成年年齢引き下げに関する論点整理」『九州法学会会報』, pp.71-72.

9) 水野紀子(2010)「民法の観点からみた成年年齢引き下げ」『ジュリスト』1392, p.163. 성년연령이 18세로 통일되는 국제적인 경향이 어떠한 이유로 발생하였는지는 역사적인 관점은 분석하기

표 18. 국가별 법정연령 기준[10)]

| 국가 | 사법상의 성년연령 | 양친이 될 수 있는 자의 연령 | 혼인적령[11)] | | 선거연령 | 국민투표연령 | 형사절차에서 소년으로 취급 안 되는 연령 | 음주 | | 흡연(담배구입) |
|---|---|---|---|---|---|---|---|---|---|---|
| | | | 남 | 녀 | | | | 점내음주 | 판매점구입 | |
| 일본 | 20 | 20 | 18 | 16 | 18 | 18[12)] | 20 | 20 | | 20 |
| 미국 | 18 | 18-25 | 18 | | 18 | - | 18 | 21 | | 18 |
| 영국 | 18 | 21 | 16 | | 18 | 18 | 18 | 18 | | 18 |
| 프랑스 | 18 | 28 | 18 | | 18 | 18 | 18 | 16<br>(18) | 16 | 18 |
| 독일 | 18 | 25 | 18 | | 18 | - | 18 | 16(18) | | 18 |
| 이탈리아 | 18 | 제한없음 | 16 | | 18(25) | 18 | 18(21) | 16 | | 18 |
| 캐나다 | 18 | 18 | 16 | | 18 | 18 | 18 | 19 | | 19 |
| 러시아 | 18 | 제한없음 | 18 | | 18 | 18 | 18 | 18 | | 18 |
| 중국 | 18 | 30 | 22 | 20 | 18 | - | 18 | 18 | | 18 |
| 한국[13)] | 19 | 19 | 18 | | 19 | 19 | 19 | 19 | | 19 |

---

어렵고 최소한 베트남전쟁과 단락적으로 연계시키는 것은 어렵다는 의견도 있음.

10) 内田亜也子(2017)「民法の成年年齢引き下げの意義と課題ー未来を担う若年者の自立への期待と新たな支援対策の必要性ー」『立法と調査』395, p.67. 각국의 음주, 흡연, 투표, 혼인에 관한 법정연령 기준은 본 논문 참조.

11) 松川正毅·窪田充見(2015)「新基本コメンタール親族」『別冊法学セミナー』240, p.17.

12) 일본에서 국민투표법의 일부를 개정하는 법률이 2014년 6월 20일 공포 시행되어 국민투표연령은 법 시행의 4년 후(2018년 6월 21일)

이러한 성년연령 하향의 글로벌 추세에 따라 일본 정부는 연령조항의 수정에 관해 검토위원회를 구성하여 '20세 이상' 등의 규정에 관한 법령의 연령조항을 검토하였다. 그리고 2009년 법제심의회 답신에서 성년연령 하향의 법적 정비를 수행하기 위해서는 다양한 정책의 실천이 필요하다고 판단하였지만, 국민투표법이 시행된 2010년 5월을 넘어서도 법적 제도상의 어떤 조치를 마련하지 못했다.[14]

이후 각 당간 국민투표법과 관련된 문제에 대한 검토가 진행되어 2014년 6월 13일 '일본 헌법의 개정 절차에 관한 법률 일부를 개정하는 법률안(국민투표법 개정법)'이 성립되었다. 이에 따라 첫째, 기한이 초과하고 있는 국민투표 연령에 관련된 경과조치(부칙 3조)는 삭제하고 둘째, 일본 정부는 국민투표법 개정법의 시행(2014년 6월 20일) 후 신속하게 만 18세 이상 만 20세 미만의 자가 국정 선거에 참여할 수 있도록 국민투표연령과 선거연령의 균형 등을 고려하여 공직선거법, 민법, 기타 법령의 규정에 대하여 추가 검토하여 필요한 법제상의 조치를 마련하자는 취지의 조항을 본 개정법 부칙 3항에 신설했다. 셋째, 본 개정법 시행 후 4년을 경과 할 때까지 헌법개정을 위한 국민투표연령을 만 20세 이상으로 하고 이후 자동으로 만 18세 이상으로 정하였다.

---

부터 자동적으로 18세 이상으로 되었다.

13) 김충완(2016)「한국에서 민법상 성년연령-19세의 의의」『비교법연구』78, pp.173-176.

14) 2012年6月6日, 第183回国会衆議院憲法審査会議録11号, p.2.

표 19. 주요국 국정선거권 연령 제한[15)]

| 국 명 | 선거권 | 피선거권 |
|---|---|---|
| 일 본 | 20 | 25 |
| 영 국 | 18 | 18 |
| 미 국 | 18 | 25 |
| 독 일 | 18 | 18 |
| 프 랑 스 | 18 | 23 |
| 이 탈 리 아 | 18 | 25 |
| 캐 나 다 | 18 | 18 |
| 오스트리아 | 16 | 18 |
| 스 위 스 | 18 | 18 |
| 한 국 | 19 | 25 |
| 중 국 | 18 | 18 |

그리고 국민투표법 개정이 성립되어 각 당간의 선거연령을 18세 이상으로 하향하는 검토가 진행되어 2015년 6월 17일 '공직선거법 일부를 개정하는 법률(이하 공직선거법 개정법)'이 성립되었다. 이 법 부칙 제11조에서도 국가는 국민투표법 연령 및 선거연령이 만 18세 이상인 것을 포함하여 선거의 공정, 기타 관점에서 연령 만 18세 이상 20세 미만인 자와 연령 만 20세 이상인 자와의 형평성 등을 고려하여 민법, 소년법, 기타 법령의 규정에 대하여 추가 검토하고 필요한 법제상의 조치를 마련하는 것으로 결정하였다. 공직선거법 개정법은 2016년 6월 19일에 시행되어 7월 10일 집행의 참의원의원 통상선거에서 국정 선거로서는 처음으로 만 18세~19세의 유권자들이 선거에 참여하였다.

15) 2008年5月5日，日本経済新聞記事.

## 2. 선거계발과 사회교육 연계

전후 일본에서 선거계발을 본격적으로 시행하게 된 계기가 된 것은 1951년 시행된 통일지방 선거에서의 선거 부패 및 차기 연도에 예정된 중의원 의원 총선을 치르기 위한 치열한 사전운동 때문이었다. 이러한 사태에 직면하여 공명정대한 선거를 정착시켜나가기 위해 전쟁 전부터 시정 정화 운동이나 선거 숙정 운동에 관여한 지식인들이 중심이 되어 1952년 재단법인 공명선거연맹이 결성되었고 언론기관의 협력을 통해 공명선거 운동을 전개하였다.[16] 연맹이 결성된 이후 공명선거운동의 기운이 전국적으로 높아지고 일본 정부도 '선거 공명 운동에 관한 건'을 각의 결정하여 관민 일체의 운동으로 확대하였다. 사회교육시책에도 바로 반영되어 운동을 추진하자 사회교육 관계자 단체의 활동에 대한 기대가 높아졌다.

그리고 1954년 공직선거법 개정에 따라 선거 시 투표율 향상과 선거사범방지를 위한 임시계발뿐만 아니라 국민의 정치의식 향상을 위한 상시계발이 국가나 지방자치단체의 의무로 결정되었다. 이를 위한 예산 조치가 강구됨으로써 공명선거운동은 더욱 촉진되었다. 1957년부터는 공명선거 상시계발 위탁사업이 설치되어 사회교육 정책으로서 선거관리위원회와 교육위원회의 연계를 중시하였다. 그리고 실제로 1950년부터 1960년에 걸쳐 지역주민들이 주체가 되어 '협의', '공동학습'과 같은 학습 방법

16) 上原直人(2018)「前田多門における選挙啓発と社会教育」『Voters』46号, pp.23-24.

을 중심으로 시정, 생활환경, 지역문제, 시사 문제 등을 주제로 생활과 정치를 연계하는 강좌가 전국에 개설되었다.

과거 존재했던 일본 선관위나 교육위원회의 연계 약화에서 보이는 것처럼 최근 좁은 의미에서 선거계발과 사회교육의 연계는 많이 약화 된 경향이 있다. 이러한 배경에는 종적 행정의 문제나 교육 현장에서 정치와 관계되는 주제를 어떻게 취급할 것인가? 라는 정치적 중립성의 문제 등과 직결되어 있다.

지역사회 문제나 국민 생활상의 문제를 파악하여 문제 해결을 위해 상호 배우는 장소를 창출해 온 것이 사회교육으로 최근 공민관을 중심으로 한 사회교육 행정뿐만이 아니라 NPO 등도 창조의 주체가 되고 있다. 한편 선거계발도 종래 선관위, 선거관리위원회뿐만 아니라 주권자교육의 추진과 연계하여 등장한 청년 중심의 단체들의 역할이 기대되고 있다. 일본에서 선거계발과 사회교육이 새로운 연계를 모색하는 가운데 선거계발 활동도 향후 더욱 다양화될 것으로 예상된다.

## 3. 시민교육과 주권자 교육

일본 학습지도요령의 개정에 대하여 주권자교육의 관점에서 살펴보면, 개정 교육기본법 제14조에 '양식 있는 공민으로서 필요한 정치적 교양'의 교육의 중요성을 주장하고 있다. 이러한 국민투표법의 성립으로 헌법 개정에 의한 투표권이 만 18세 이상으로 하향되었다. 주권자로서의 민주정치에 관한 지식과 이해를 위한 정치적 교양이 아니라 국가와 사회형성자로서 투표에 참여하여 스스로 판단하고 실천할 수 있는 공민육성을 목적으로 하고 있다. 또한, 주권자교육은 청년층의 선거와 정치이탈에 대하여 모의투표 등 체험학습으로 배우고 민주주의를 체험하여 몸소 배우는 실천에 의한 정치참여의 의의를 재확인하게 한다.[17)]

결국, 미래 주권자로서 사회형성력을 육성하는 주권자교육에서는 민주주의의 자치 정신을 배우는 장소가 필요하며 고등학생도 사회형성자=시민으로 보고 정치참여를 적극적으로 독려하고 있다. 개정된 학습지도요령은 일본 사회 청년들을 정치에 적극적으로 참여시켜 정치의식을 고양하려는 치밀한 교육 활동으로 미래의 주권자를 육성해나간다는 의도가 깔려있다.

이미 몇몇 유럽국가에서는 선거권의 연령하향이 진행되어왔으며 스위스나 독일의 일부 주에서도 16세의 선거참여에 의한 정치적 관심을 제고하기 위해 노력해 왔다. 전술한 바와 같이 일본에서도 이러한 글로벌 환경이 엄중하고 지속 가능한 사회를 유지하기 위해 미래 사회형성자인 청년의 정치의식을 높이고 새로운 '공'을 창조하는 주권자의 육성이 절실했다. 이는 정치를 지켜보는 주권자, 정치를 비판하는 주권자만으로는 미래를 기대할 수 없어 정치를 움직이는 주권자의 출현을 기대했기 때문이다. 따라서 '공'은 부여되는 것뿐만 아니라 시민과 국민이 새롭게 창출하는 '공'도 존재한다는 것을 자각하고 행정과 정치가의 재정개혁을 엄중히 감시할 필요도 있다. 한마디로 일본 신

17) 西村公孝(2008)「主権者教育の支店から新学習指導要領を考える-新学習指導要領(公民教育)をどう評価するか」『私たちの広場』302号, pp.13-14.

학습지도요령의 공민교육의 취지는 일본 국민의 권리와 의무를 이해한 자립적 시민과 국민으로서 문제 해결에 주체적으로 참여하고 정치를 움직이는 주권자를 육성하는 것이라 할 수 있다.

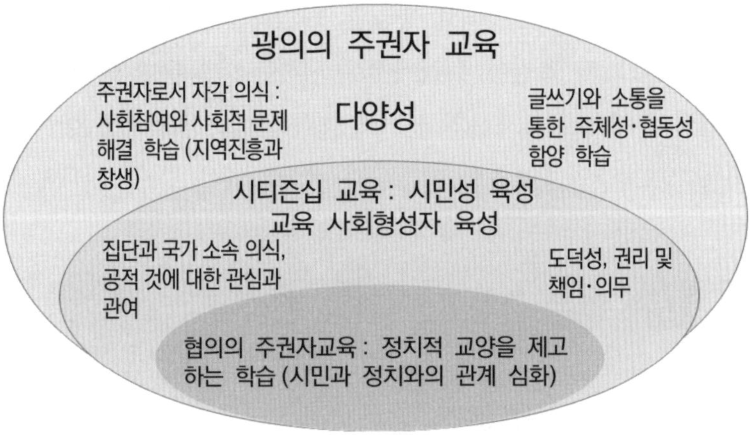


**그림 2. 일본 정부 주권자 교육 추진목표**

위의 <그림 2>에서 보여주는 바와 같이 일본에서 주권자교육은 협의와 광의의 개념으로 살펴볼 수 있다. 협의의 개념은 선거에 참여하도록 촉구하는 교육으로 반대로 기권 이유를 이해하는 교육이다. 이러한 정책으로서는 모의선거의 체험교육을 들 수 있다. 이것은 각종 조사가 제시한 바와 같이 어릴 때 부모와 같이 투표소에 간 경험이 있는 어린이의 투표율이 높은 것은 투표가 5분도 채 안 걸린다는 것을 이해하고 있기 때문이라는 분석도 있다.[18] 유권자가 어디에 투표하면 좋을지에 대한 정책으

18) 藤井剛·越智弘一·小栗優貴(2018)「選挙出前授業のあり方を

로서는 정책공약을 비교하여 투표할 곳을 미리 정하게 하는 수업이 있다. 자신의 한 표로 정치를 바꿀 수 없다는 대책으로서는 선거에 가지 않으면 손해라는 수업을 생각할 수 있다.

광의의 주권자교육의 개념은 주권자로서의 자각을 갖도록 하는 것이다. 즉, 주권자로서 행동할 수 있도록 가르치는 교육을 말한다. 사회과 교원이 수업에서 수행하는 교육뿐만 아니라 담임선생이 지속해서 자신의 선거에 대한 감각, 생각 등을 이야기하는 것도 주권자교육의 일종이라 할 수 있다.

## 제3절 일본 국정 선거결과 분석

### 1. 청년층 투표성향 분석

일본 헌법의 개정 절차에 관한 법률 일부를 개정하는 법안이 2014년 6월 20일 공포되어 2018년 6월 21일 이후 국민투표부터 선거권연령이 만 18세 이상으로 하향되었다. 또한, 동 법률의 부칙에서 만 18세 이상의 자가 국정 선거에 참여할 수 있도록 국민투표의 투표권을 가진 자의 연령과 선거권을 가진 자의 연령과의 형평성 등을 고려하여 공직선거법, 민법, 기타 법령의 규정에 대하여 검토하고 필요한 법령상의 조치를 취하도록 했다. 더욱이 공직선거법 등의 일부를 개정하는 법률이 2015년 6월 19일 공포되어(2016년 6월 19일 시행) 선거권연령이 만 18세

考える」『Voters』 43, pp.13-14.

이상으로 하향되었다.

선거권연령 하향의 이유는 다음 <표 20>에 제시하는 바와 같이 매년 총선에서 투표율의 하락과 특히 청년 투표율의 저하에 따른 것이다. 이러한 상황에서 일본 정부의 공직선거법 개정은 미래 일본을 담당할 세대인 청년의 의견을 현재와 일본의 미래를 결정하는 정치에 반영시켜 나가는 것이 바람직하다는 의도에 따른 것으로 향후 고등학교와 특별지원학교 고등부(고등학교 등) 학생들이 국가와 사회형성에 더욱 주체적으로 참여하도록 기대하고 있다.

**표 20. 일본 중의원 의원선거 투표율 추이 (단위 : %)**[19]

| 연도 | 1990년 | 1993년 | 1996년 | 2000년 | 2003년 | 2005년 | 2009년 | 2012년 | 2014년 |
|---|---|---|---|---|---|---|---|---|---|
| 투표율(전국) | 69.15 | 63.46 | 56.61 | 59.52 | 56.93 | 66.25 | 68.20 | 58.27 | 50.99 |

또한, 일본 청년은 '정치적 관심이 낮고, 투표하러 가지 않는다.'라는 청년들의 정치적 무관심이 지적되고 있다. 다음 <표 21>에 제시하는 바와 같이 20대의 투표율이 전체 투표율과 비교하면 약 20% 정도 낮다는 것을 확인할 수 있다. 각종 조사결과로부터 이러한 원인에는 일본 청년의 정치에 관한 관심이 낮고 투표 행동에 대한 의식이 낮으며, '정치는 어렵다.', '자신의 힘으로는 정부의 결정에 아무런 영향을 줄 수 없다.' 등을 느끼

19) 京都府教育委員会(2017)「高等學校等における主權者教育指導の手引き」p.1. 자료에 근거하여 작성하였다.

고 있다는 위기감에서 비롯되었다.

**표 21. 일본 중의원 의원 연령별 투표율 추이 (단위 : %)**[20]

| 연도 | 1990년 | 1993년 | 1996년 | 2000년 | 2003년 | 2005년 | 2009년 | 2012년 | 2014년 |
|---|---|---|---|---|---|---|---|---|---|
| 20대 | 57.76 | 47.46 | 36.42 | 38.35 | 35.62 | 46.20 | 49.45 | 37.89 | 32.58 |
| 30대 | 75.97 | 68.46 | 57.49 | 56.82 | 50.72 | 59.79 | 63.87 | 50.10 | 42.09 |
| 40대 | 81.44 | 74.48 | 65.46 | 68.13 | 64.72 | 71.94 | 72.63 | 59.38 | 49.98 |
| 50대 | 84.85 | 79.34 | 70.61 | 71.98 | 70.01 | 77.86 | 79.69 | 68.02 | 60.07 |
| 60대 | 87.21 | 83.38 | 77.25 | 79.23 | 77.89 | 83.08 | 84.15 | 74.93 | 68.28 |

## 2. 참의원 선거와 중의원선거 결과

일본에서는 만 18세 선거권이 도입된 이후 두 번의 국정 선거를 치렀다. 이 가운데 부상한 문제 중의 하나가 19세 투표율의 저조이다. 2016년 참의원 선거에서는 18세가 51.3 %, 19세가 42.3%로 차이는 9% 정도였다. 이것이 2017년 중의원선거에서는 18세가 47.9%, 19세가 33.3%로 차이는 14% 이상으로 확대되었다. 또한, 중의원선거 당시 19세 중에는 참의원선거 때 18세였던 학생들이 다수 포함되어 있어 단순 비교하면 이 연령대의 투표율은 참의원선거 당시 51%에서 1년 만에 33%까지 하락한 것으로 볼 수 있다. 이렇게 19세 학생 투표율이 저조한 원인으로서는 고등학교에서 주권자교육을 받았다 하더라도 졸업 후

20) 京都府教育委員会(2017)「高等學校等における主權者教育指導の手引き」p.1. 자료에 근거하여 작성하였다.

주권자교육 의식이 희박해졌거나 부모 주소에 주민 표를 남겨 둔 채 도시 대학에 진학한 학생들이 투표하지 않는다는 성향을 지적할 수 있다.[21)]

이러한 투표율 저조 현상들을 종합해 보면, 향후 부재자투표 제도를 홍보함과 동시에 주민 표가 없는 장소에서도 투표할 수 있도록 제도의 개선을 보완해 나갈 필요가 있다. 또한, 가정이나 지역사회에서도 제도적 계발을 병행해 나가지 않으면 안 된다. 학교 현장에서는 선거 전의 주권자교육뿐만 아니라 일상적인 교육 활동 중에도 '일생의 정치'라는 주제를 다루고 학교 전체적으로 학생의 주권자의식을 높여나가는 방안이 필요하다. 이를 위해서는 특히 중고등학교 사회과와 공민과의 교원이 중심적인 역할을 담당하고 다른 교원 혹은 관계자기관들과 연계하면서 각 학교의 실정에 따른 주권자교육 프로그램을 계획하고 실행해 나갈 필요가 있다.

일본에서 선거권연령이 18세 이하로 하향됨에 따라 2016년 참의원선거, 2017년에는 중의원선거가 시행되어 18세의 투표율은 양 선거에서 예상외로 높은 비율을 보였다.[22)] 19세의 투표율은 양 선거에서 20세보다는 높고 18세보다는 낮은 상황이었지만 중의원선거에서는 23~24세의 투표율과 같은 수준으로 하락했다. 또한, 2017년 중의원선거에서 19세의 투표율은 16년 참의

---

21) 大畑方人(2018)「実際の選挙をアクティブに学ぶ」『Voters』47号, pp.12-20.

22) 堤英敬·中村祐斗·牧野晃平(2018)「19才の投票率はなぜ低いのか？」『Voters』43号, p.9.

원선거에서 18세의 투표율에 비해 약 20% 정도 하락했다.

2016년 참의원선거 당시 아사히신문의 출구조사(Voters 34호 참고)에 의하면, 투표 시 고려한 주요 정책을 질문한 결과 연령대별 차이가 뚜렷한 것으로 나타났다. 가령, 30대의 경우 자녀 양육지원, 40~50대의 경우 경제와 고용, 60~70대는 사회보장, 20대는 경제와 고용, 자녀 양육지원 정책을 중시한 것으로 나타났다. 그러나 10대는 주목할 만한 정책적 특징이 존재하지 않았다. 젊은 청년들에게 정치가 생활과 밀접하게 관련되어 있기 때문에 투표하는 것이 중요하다고 강조하지만, 현실적으로 전혀 그렇지 못하다. 청년들에게 바람직한 정책, 정당을 제시하고 투표의 중요성을 체험하기 위한 비용은 매우 막대하다. 이러한 이유 때문에 청년, 특히 19세의 투표율이 낮은 것은 자연적인 현상이라 할 수 있다.

일본 도도부현별 18세의 투표율을 살펴보면, 가장 높은 지역과 낮은 지역의 차이가 20% 이상으로 나타났다. 그러나 2016년 중의원선거와 2017년 참의원선거에서 상위와 하위의 투표율의 차이를 살펴보면, 19세의 투표율에서 차이가 작아지는 경향을 보였다. 다만 전체적인 투표율은 크게 하락한 것으로 나타났다. 일본 도도부현별 다른 지역의 진학률과 투표율의 관계를 살펴보면 다른 지역으로 진출하는 학생들이 많은 지역일수록 투표율이 낮은 것으로 나타났다.[23)]

2016년 참의원선거의 18세 투표율과 2017년 중의원선거의

---

23) 堤英敬·中村祐斗·牧野晃平(2018), 『Voters』 43号, p.10.

19세 투표율을 도도부현별로 살펴보면 전체적으로 하락하였지만, 기본적으로 2016년 참의원선거에서 18세의 투표율이 높은 지역에서는 2017년 중의원선거의 투표율도 높게 나타났다. 다만 2016년 18세 투표율이 높았던 지역이 투표율 하락의 폭도 큰 것으로 나타났다.

일본 도도부현별 전체의 투표율 변화와 18세에서 19세가 된 이후 투표율의 변화를 살펴보면, 일본 전체와 18~19세의 투표율의 변화가 거의 비례하고 있다. 이것은 젊은 청년들이 선거전의 상황과 관계없이 투표 참가 여부를 결정하는 것이 아니라 후보 간 선거의 접전 정도는 어떠한지, 어떠한 쟁점이 있는지 등에 반응하고 있는 것으로 볼 수 있다. 따라서 이러한 결과는 19세 청년들도 중고령자와 같은 유권자로서 특별 취급할 필요성이 없을지도 모른다.

투표체험학습이 차기 선거에서 투표를 촉진하는가에 대하여 정치학에서 '습관투표'라는 개념을 제시하고 있다. 이는 선거권을 획득하고 이른 단계에 투표를 경험하게 되면 그 후에도 투표에 가게 되고 반대로 이른 단계에 기권을 체험하게 된 유권자는 이후 선거에 열정이 넘쳐도 투표에 가지 않는다고 주장한다. 2016년 중의원선거에서 많은 18세 유권자들이 투표한 것으로부터 투표가 습관화되어 청년층의 투표율이 향상될 것으로 기대되었지만 실제 투표율은 15% 이상 하락하였다. 이러한 결과는 2016년 중의원선거에서 투표한 18세 유권자의 대부분이 2017년 중의원선거에서는 기권한 것이라 할 수 있다.

투표이유에 대해서는 2016년 참의원선거에서 투표의 이유로

'부모나 선생 등의 추천', '처음 18세 선거이기 때문에',라고 응답한 학생들이 절반 정도였지만 2017년 중의원선거의 투표율은 42.2%였다. 투표이유로 '응원하는 후보와 정당이 있기 때문에', '투표하는 것이 중요', '국민의 의무', 등으로 응답한 학생의 투표율은 58.6%, 양쪽을 모두 응답한 학생들의 투표율이 57.1%였다. 이러한 결과는 외부로부터 자극에 의한 투표체험은 다음 투표와는 연결되지 않는 것으로 생각할 수 있다. 따라서 모의선거의 경험보다는 선거에 대한 논쟁, 수업 외의 학습 등의 경험이 투표율을 높여줄 가능성도 있다.[24]

주권자교육의 효과에 대해서는 2016년 가을 문부과학성이 실시한 전국 설문조사에 따르면, 3학년에 대하여 공직선거법이나 구체적인 선거 구조를 가르치고 있는 학교가 89.4%, 현실 정치적 상황에 관한 토의 활동이 20.9%, 모의선거 등의 실천적 학습활동이 29.0%였다. 90%의 학교에서는 정치경제의 수업에서 선거의 구조 혹은 학년 집회에서 투표는 이렇게 수행한다고 말로 끝내는 주권자교육 수업을 수행하고 있는 것으로 나타났다. 다만 모의선거는 다음 연도에서 39.7%로 증가하였다. 2016년 참의원선거에서의 18세 투표율은 51.3%였지만 고등학생 투표율은 야마가타 현에서 83.2%, 시즈오카 현에서는 81.3%였다. 2017년 중의원선거에서 18세 투표율은 47.9%였다. 그러나 2016년 참의원선거에서 18세 투표율은 51.3%였지만 이들이 19

24) 앞의 논문, 堤英敬·中村祐斗·牧野晃平(2018), 『Voters』 43号, p.11.

세가 된 2017년 중의원선거에서의 투표율이 32.3%로 하락했다. 물론 당시 태풍의 기후 영향, 정권선택의 선거가 아니어서 투표의 필요성을 느끼지 못했다거나 주민등록표의 문제, 강요하는 사람이 없었다는 점 등의 이유도 존재하지만, 모의선거 중심의 협의의 주권자교육으로서는 주권자로서의 행동의식을 변화시키거나 지속되지 못한다는 결과를 뒷받침하고 있다. 이는 더욱 광범위하게 확대된 주권자교육 필요성을 시사하고 있다.

## 3. 투표 행동의 영향요인

일본 선거관리위원회의 전국 조사결과를 토대로 살펴보면, 2017년 중의원선거 투표 행동에 관해서는 사전 투표율이 상승하여 전국평균 37.5%를 기록하였다. 이러한 결과는 투표일부터 투표 기간의 상황으로 발생된 선거결과라고 볼 수 있다. 선거관리위원회의 전국 데이터로 '사전 투표했다.'가 30% 이상을 차지하였다. 연령대별로 80세 이상을 제외하면 연령별 차이가 별로 없음을 일반화 할 수 있다.

이러한 것을 뒷받침하는 요인들로는 '투표소까지 어느 정도 걸립니까?'의 질문의 결과라고 할 수 있다. 투표소가 5분미만, 10분미만, 20분미만, 20분 이상 등으로 멀어짐에 따라 '투표했다.'라는 비율이 낮아지는 종래의 경향은 여전히 변하지 않았다. 지난 2014년 중의원선거 당시 조사결과를 비교하면, 참의원의 원선거에서는 투표소까지의 거리감의 차이는 매우 적은 것으로 나타났다. 이것은 투표소로부터 멀리 떨어진 사람들이 열심히

투표했기 때문이 아니라 사전투표에 많은 사람이 투표했다는 선거결과의 성향을 보여주고 있다.

아래 <표 22>에서 제시한 바와 같이 투표소와의 거리가 20분 이상 걸리는 사람들의 비율은 매우 낮은 것으로 나타났다. 거주하고 있는 곳으로부터 투표소까지 4/3의 사람들은 5분 미만 혹은 10분 미만으로 20분 이상 걸리는 사람은 약간 증가했지만, 전체적으로 살펴보면 매우 작은 수치에 불과하다. 다만 연령대별로 살펴보면, 실년세대(40~50대 세대) 정도까지는 거리감의 비율이 낮았지만 80세 이상에 대해서는 20분 이상의 거리도 무시할 수 없는 비율로 나타났다. 즉, 고령자의 거주환경에서 투표소와의 거리가 투표에 영향을 준다는 사실이 존재하고 전체적인 성향과는 다른 결과로 나타난다는 점을 이해해 둘 필요가 있다.

**표 22. 투표소까지 소요 시간(전국 조사, 단위 : %)** [25)]

| 연령대별 | 5분 미만 | 10분 미만 | 20분 미만 | 20분 이상 |
|---|---|---|---|---|
| 28-29 | 31.4 | 38.6 | 19.1 | 2.3 |
| 30-39 | 40.6 | 40.6 | 12.3 | 1.4 |
| 40-49 | 38.5 | 41.6 | 13.1 | 2.6 |
| 50-59 | 41.7 | 39.6 | 14.0 | 1.8 |
| 60-69 | 33.2 | 45.0 | 15.6 | 4.0 |
| 70-79 | 26.4 | 46.8 | 18.5 | 5.5 |
| 80세 이상 | 19.3 | 41.7 | 18.7 | 13.9 |
| 전체 | 34.0 | 42.3 | 15.5 | 4.0 |

25) 松本正生(2018)「「18才選挙権」2016～2017年へ第48回衆議院選追跡調査から」『Voters』43号, pp.5-6.

다음 <표 23>은 2017년 중의원선거에 투표하지 않았던 사람들을 대상으로 어떤 상황이라면 투표하러 갈 것인가? 라고 질문한 결과를 나타내고 있다. 투표장소가 역이나 쇼핑센터라면 투표할 수 있다는 것은 사전 투표장소의 희망으로 이러한 요청이 많다는 것을 알 수 있다. 한편 이번 조사에서 처음으로 '이동투표소가 순회한다면'이라는 선택지로 질문한 결과, 6% 정도로 나왔는데 이것도 '투표소가 가까웠다면'을 합계하면 이에 상응하는 비율임을 확인할 수 있다.

표 23. 투표상황과 참여[26] (전국 조사, %)

| 연 령 | 투표소가 가깝다. | 역과 쇼핑센터에서 투표할 수 있다면 | 투표 날 20시간 이후 | 이동 투표소가 순회하면 |
|---|---|---|---|---|
| 28-29 | 12.2 | 49.0 | 6.1 | 8.2 |
| 30-39 | 5.3 | 43.4 | 14.2 | 6.2 |
| 40-49 | 5.5 | 43.8 | 8.2 | 2.7 |
| 50-59 | 2.3 | 40.2 | 11.5 | 5.7 |
| 60-69 | 8.1 | 33.9 | 3.2 | - |
| 70-79 | 20.5 | 18.2 | 2.3 | 9.1 |
| 80세 이상 | 25.5 | 10.4 | - | 14.6 |
| 전체 | 9.0 | 38.5 | 7.9 | 5.9 |

이러한 투표성향은 연령에 따라 50세 정도까지의 사람들은 임시 투표소, 집합형 투표소를 포함한 역과 쇼핑센터에서 투표

26) 앞의 논문, 松本正生(2018), p.7.

할 수 있었으면 좋겠다고 생각하는 사전투표를 지향하는 경우가 많았기 때문으로 생각된다. 한편, 이러한 투표성향도 연령이 많아지면 비율이 감소하고 걸을 정도로 적당히 가까운 거리, 순회이동 투표소 등 양쪽의 수요를 파악하면서 어떻게 대응해야 할 것인지는 매우 어려운 문제이다.

다음 <표 24>는 거주연수와 투표 여부와의 관계를 나타내고 있다. 국정선거만의 데이터로 거주연수에 관한 결과를 생각해보면, 거주연수가 장기화할수록 지역에 대한 애착도가 높아지기 때문에 투표율도 높아지는 성향이 있었다. 이러한 투표성향을 이번 선거가 실제로 잘 보여주고 있지만, 결과의 큰 차이는 없는 것으로 나타났다. 따라서 국정 선거라는 것은 시의(타이밍) 요인, 정당과 정치가의 요인이 매우 크다는 것을 알 수 있다.

**표 24. 거주연수와 투표 여부 (전국 조사, %)**

| 거주 연수 | 투표했다 | 투표 안 했다 |
|---|---|---|
| 태어난 이후 | 69 | 31 |
| 20년 이상 | 77 | 23 |
| 10년 이상 | 68 | 31 |
| 3년 이상 | 64 | 34 |
| 3년 미만 | 59 | 40 |

## 제4절 선거와 교육 혁신

이 장의 목적은 일본에서 전후 공민교육의 구상과 선거권연령 하향의 배경에 대하여 살펴보고 2016년 참의원의원선거와 2017년 중의원선거 결과를 통한 주권자교육의 등장과 필요성에 대하여 고찰하여 한국에서의 시사점을 제공하는 데 있다.

일본에서 선거권연령 하향의 배경에는 국민투표법 개정에 관한 논의가 성립되어 각 당간의 선거연령을 만 18세 이상으로 하향하는 검토가 진행되어 2015년 6월 17일 '공직선거법 일부를 개정하는 법률안(이하 공직선거법 개정법)'이 통과되었다. 그리고 공직선거법 부칙 제11조에서 국가는 국민투표법 연령 및 선거연령이 만 18세 이상인 것을 포함하여 선거의 공정성, 기타 관점에서 만 18세 이상 20세 미만인 자와 만 20세 이상인 자와의 형평성 등을 고려하여 민법, 소년법, 기타 법령의 규정에 대하여 추가 검토하고 필요한 법제상의 조치를 마련하도록 정하였다. 이러한 일본 공직선거법 개정법은 2016년 6월 19일에 시행되어 같은 해 7월 10일 집행된 참의원의원 통상선거에서 국정선거로서는 처음으로 만 18세, 만 19세의 유권자들이 선거에 참여할 수 있게 되었다.

이러한 과정을 거쳐 일본에서 만 18세 이상의 선거권이 도입된 이후 두 번의 국정 선거를 치렀다. 이 가운데 부상한 문제 중 하나가 19세 투표율의 저조이다. 2016년 참의원 선거에서는 18세가 51.3%, 19세가 42.3%로 차이는 9% 정도였다. 그러나 2017년 중의원선거에서는 18세가 47.9%, 19세가 33.3%로 차이는 14% 이상으로 더욱 확대되었다. 또한, 중의원선거 시 19세 중에는 참의원선거 당시 18세였던 학생들이 다수 포함되어 있어 단순 비교하면 이 연령대의 투표율은 참의원선거 당시 51%에서 1년 만에 33%까지 하락한 것으로 나타났다. 이렇게 19세 투표율이 저조한 원인에는 고등학교에서 주권자교육을 받았다고 하더라도 졸업 후 주권자교육 의식이 희박해졌거나 부모 주소지에 주민등록을 남겨둔 채 도시지역 대학에 진학한 학생들이 투표에 참여하지 않는 성향을 지적하고 있다.[27)]

일본 청년들 투표성향의 분석을 종합하면, 향후 부재자투표제도를 홍보함과 동시에 주민등록이 없는 장소에서도 투표할 수 있도록 제도적 개선을 보완해 나갈 필요성이 있다. 또한, 학교 현장이나 가정과 지역에서 선거제도의 계발로 선거 전의 주권자 교육뿐만 아니라 일상적인 교육활동 중에도 '일생의 정치'라는 정치적 주제를 다루고 학교 전체적으로 학생 대상 주권자 의식의 제고 방안이 모색되어야 할 것이다. 특히 중고등학교 사회과와 공민과 교원들이 중심적인 역할을 담당하고 다른 교원 혹은 관계자들과 연계하면서 각 학교의 상황에 따른 주권자교육 프로그램을 계획하고 실행해나갈 필요성을 제기하였다.

연구결과는 다음과 같다. 첫째, 일본에서 국민투표연령이 18세로 하향된 배경에는 국민투표연령을 18세로 정하는 것이 국제표준이라는 점과 일본 헌법 개정을 위한 국민투표에 가능한

27) 大畑方人(2018)「実際の選挙をアクティブに学ぶ」『Voters』47号, pp.12-20.

많은 국민, 특히 미래 일본을 이끌어가는 청년 세대들이 대거 참여하도록 유도하려는 차원에서 비롯되었다. 둘째, 일본에서 선거권연령 하향의 가장 큰 이유는 일본 총선에서 투표율의 하락과 특히 청년 투표율의 저하에 따른 정치적 무관심을 제고하기 위한 정책의 일환이라 할 수 있다. 셋째, 최근 일본에서 선관위나 교육위원회의 연계 약화로 선거계발과 사회교육이 새로운 연계를 모색하는 가운데 선거계발 활동도 더욱 다양화되고 있는 것으로 나타났다. 일본 지역사회 문제해결이나 국민 생활상의 문제를 파악하여 이러한 문제를 해결하기 위해 상호 배우는 장소를 창출해 온 것이 사회교육으로 최근에는 공민관을 중심으로 한 사회교육 행정뿐만이 아니라 NPO 등이 창조의 주체가 되고 있다. 한편 일본에서 선거계발도 종래 선관위, 선거관리위원회뿐만 아니라 주권자교육의 추진과 연계하여 등장한 청년 중심의 단체들이 새로운 역할자로 주목받고 있는 것으로 나타났다.

한국에서도 일본과 마찬가지로 2019년 12월 18세 선거권연령 하향이 도입되면서 2020년 4·15 총선에서 충분히 대처하지 못한 측면이 존재하나 향후 선거의 방향성이나 주권자교육의 필요성에 대해 제도적 보완과 이론적 정립이 시급한 상황이다.

일본 국정선거에서 투표성향의 분석결과, 투표율은 선거 당시 태풍 등의 기후 영향, 정권 선택의 실종으로 선거에서 선택의 어려움, 주민등록상의 문제, 강요하는 사람이 없다는 점 등 다양한 이유가 존재하지만, 모의선거 중심의 협의의 주권자교육으로서는 주권자로서의 행동의식을 변화시키거나 지속시키지 못한 것으로 나타났다. 따라서 이는 더욱 확대된 광범위한 광의의 주권자교육의 필요성을 시사하고 있다. 결론적으로 일본 국정선거에서 선거권 18세 미만의 연령하향에 따른 선거결과는 향후 한국에서도 청년 유권자를 대상으로 협의의 주권자교육과 광의의 주권자교육을 병행하는 방식으로 주권자교육이 전개되어야 함을 시사하고 있다.

제7장

# 일본의 재일외국인 노동자와 이민제도의 개혁

제1절 재일외국인 증가와 이민정책

제2절 외국인 노동자 수용 신제도의 도입

제3절 외국인 이민수용과 다문화 공생 사회 대응

제4절 외국인노동자와 이민제도 개혁

제7장

# 일본의 재일외국인 노동자와 이민제도의 개혁

## 제1절 재일외국인 증가와 이민정책

일본 법무성은 2018년 출입국관리정책을 대대적으로 개정하였다. 그 주요 내용은 외국인노동자 수용을 정책적 관리에서 이민정책으로 전환하는 것을 내포하고 있다. 이는 일본에서 '외국인'의 존재에 대하여 배외주의적 의미보다는 포용의 의미를 강조한 '이민'정책으로 이와 동시에 다문화 공생과 사회통합으로의 정책적 전환을 의미하는 것으로 생각된다(梶田孝道他, 2005). 이 장의 목적은 이러한 일본 정부의 2018년 출입국관리 정책의 전환이 구체적으로 어떤 의미를 내포하고 있는지에 대하여 특징과 문제점, 그리고 한국에 대한 시사점을 고찰하고자 한다.

일본에서는 1980년대까지 외국인이라면 재일동포나 중국인들이 대부분을 차지하고 있었다. 그러나 1990년대에 들어서면서 브라질 등 중남미 출신 외국인들이 증가하기 시작했다(井口

泰 2009). 그리고 2000년대 이후에는 필리핀 등 동남아시아 출신 외국인들이 증가하기 시작했다. 이에 대하여 구체적으로 일본 법무성이 발표한 체류 외국인 통계를 살펴보면, 1985년에 전체 체류 외국인 850,000명 가운데 재일동포 수가 683,000명(80.3%), 중국인이 74,000명(8.8%), 미국인이 29,000명(3.4%), 필리핀 출신이 12,000명(1.4%), 베트남이 4,000명 (0.5%), 타이가 2,000명(0.3%), 브라질이 1,000명(0.2%), 기타가 39,000명(5.0%)으로 나타났다(自治行政局国際室 2019).

그러나 2018년 법무성이 발표한 체류 외국인통계는 큰 변화를 보여주고 있다. 먼저 일본거주 전체 외국인 2,730,000명 가운데 중국 국적자가 825,000명(30.2%)으로 가장 높은 비율을 차지하였고 다음으로 한국국적자가 450,000명으로 16.5%, 베트남인이 331,000명 (12.1%), 필리핀인이 271,000명(9.9%), 브라질인이 202,000명 (7.4%), 네팔인이 89,000명(3.3%), 미국인이 58,000명(2.1%), 인도네시아인이 56,000명(2.1%), 타이인이 52,000명(1.9%), 기타가 397,000명 (14.5%) 이었다(浅香幸枝, 2018).

이들 일본 체류 외국인의 체류자격별 비율을 살펴보면 영주자가 771,568명(28.3%)으로 가장 많았고, 유학생이 337,000명(12.3%), 기능실습생이 328,360(12.0%), 특별영주자가 321,416명(11.8%), 기능·인문지식·국제업무가 225,724명(8.3%), 정주자가 192,014명(7.0%), 가족 체류가 182,452명(6.7%), 일본인 배우자 등이 142,381명(5.2%), 특정 활동이 62,956명(2.3%), 기능실습이 39,915명(1.5%), 기타가 127,307명 (4.7%) 순으로 나타났다(自治行政局国際室, 2019).

이러한 일본에서의 외국인증가는 2019년도 일본 도도부현 전체에서 발생하고 있는 현상이며 일본 전체 외국인증가율은 33%에 달하고 있고 외국인 비율도 2014년에 1.6%에서 2019년에 2.1%로 대폭 증가하고 있는 것으로 나타났다(自治行政局国際室, 2019).

따라서 이 장은 일본에서 이러한 외국인의 증가에 따른 출입국 관리정책의 전환과 그 의미에 대하여 고찰하고자 한다. 즉, 일본에서 급격한 외국인의 증가에 따른 출입국관리정책의 변화가 외국인 이민정책의 근본적인 변화를 의미하는 것인지, 아니면 외국인관리 차원에서 진행된 것인지 살펴보고 일본보다 급격히 증가하고 있는 한국에서의 외국인노동자의 수용과 이민정책에 대한 시사점을 제공하고자 한다.

## 제2절 외국인 노동자 수용 신제도의 도입

일본에서 외국인 인구가 현저하게 증가한 상위 5위의 도시를 살펴보면 홋카이도(北海道), 효고현(兵庫県), 시마네현(島根県), 오이타현(大分県), 후쿠오카현(福岡県) 등으로 주로 인구 규모가 큰 대도시뿐만 아니라 인구 규모가 작은 지방에 집중되고 있는 것으로 나타났다. 이들 외국인의 체류자격별 외국인 수의 추이를 살펴보면, 기능실습생이 대폭 증가한 것으로 나타났으며, 특히 유학생의 증가 뚜렷한 지역으로 나타났다(井口太, 2015).

다음 <표 28>에 제시한 바와 같이, 구체적으로 일본 법무성이 발표한 기능실습생의 체류자격을 살펴보면 2014년도 168,000명이었던 것이 2018년도에는 308,000명으로 약 96% 증가하였으며 유학체류자격은 2014년에 215,000명이었던 것이 2018년에 297,000명으로 57%의 증가율을 보였다. 기타 체류자격으로는 기능, 영주자의 배우자 등, 경영관리, 기업 내 전근, 교육, 고도 전문직, 교수, 종교, 문화활동, 흥행, 의료, 연구, 연수, 예술, 보도, 개호(요양), 법률회계 업무 등의 순서였다(自治行政局国際室, 2019).

**표 28. 외국인 노동자 수용 내역(2018년 기준)[1)]**

| 수용 분야 | 노동자 수용 분야 | 수용 규모 |
|---|---|---|
| 전문적<br>\|기술적<br>분야 | • 교수, 고도 전문직 (포인트 제도에 의한 고도 인재 (학력, 연수입, 경력 등에 의한 포인트), 경영관리, 법률회계업무, 의료 연구, 기업 내 전근, 개호(개호 복지사), 기능 (스포츠지도자, 항공기 조종사 등)<br>• 일부 체류자격에서는 입국허가의 기준을 '일본 정부의 산업 및 국민 생활에 미친 영향, 기타 사정'을 고려하여 정한다고 명시하고 있음. | 277,000명 |
| 기능<br>실습 | • 기능 이전을 통한 개발도상국 국제협력 목적<br>• 2010년 7월 1일 시행 개정 출입국관리법에 의해 기능실습생은 입국 1년째부터 고용 관계가 있는 '기능실습'의 체류자격 | 308,000명 |

1) 自治行政局国際室(2019) 『外国人材の受入れと地域における多文化共生施策の現状等』, p.1.의 내용을 중심으로 연구자가 작성하였다.

| 수용 분야 | 노동자 수용 분야 | 수용 규모 |
|---|---|---|
| | 이 부여되었다. (같은 날 이후 자격변경을 한 기능실습생도 동일) | |
| 특정 활동 | • 경제연계협정 (EPA)에 의한 외국인 간호사, 개호 복지 후보자, 워킹홀리데이, 외국인 건설취업자, 외국인 조선 취업자 등 특정 활동의 체류자격으로 | 36,000명 |
| 자격 외 활동 | • 유학생 아르바이트 (1주 28시간 이내) 보수를 받는 활동 허가(文部科学省, 2008)<br>• 본래 체류자격의 활동을 방해하지 않는 범위 내에서 보수를 받는 활동 허가 | 297,000명 |
| 신분에 의한 체류 | • 정주자 (주로 일계인), 일본인 배우자 등, 영주자 등 (체류 활동의 제한이 없기 때문에 다양한 분야에서 보수를 받는 활동 가능) | 496,000명 |
| 취업 목적 새로운 체류자격 (특정 기능) | • 2019년 시행<br>• 일정 전문성과 기능을 가진 경력 있는 외국 인재를 수용<br>• 수용대상 분야에 대해서는 필요한 분야에 한정<br>• 체류자격의 상한은 통산 5년 | |

일본 정부는 외국인의 증가에 대하여 2017년 '미래투자전략회의'에서 경제와 사회기반의 지속가능성을 확보해 나가는 데 필요한 분야에 착안하면서 외국인 인재의 수용방안에 대하여 종합적이고 구체적인 검토를 시작했다. 당시 전략회의 초점은 이민정책과 오해 없는 구조, 국민적 합의형성 등의 방안을 포함한 필요한 사항의 조사와 검토를 정부 부처들이 횡단적으로 진

행하는 것을 목적으로 하였다(日本経済再生本部, 2017).

또한, 2018년 일본 경제재정자문회의에서는 아베 총리의 "노동현장에서 심각한 노동력 부족이 발생하고 있으며 전문분야의 외국인수용제도의 방안에 대하여 시급히 검토할 필요가 있다. 체류 상한을 설정하여 가족의 동반은 기본적으로 인정하지 않는다는 전제조건으로 필요한 분야에 착안하여 제도개정의 구체적인 검토를 시작해야 한다."는 발언이 있었다(自治行政局国際室, 2019). 아베 총리의 이 발언 이후 일본 관계성청의 국장급으로 구성된 전략팀이 두 번의 회의를 개최하였으며 과장급이 주축이 된 간사 회의도 8차례 열렸다.

이러한 전략회의를 통해 2018년 '경제재정운영과 개혁 기본방침 2018년'이 6월 15일 각의에서 결정되었다. 그 요지는 다음과 같다. "종래의 전문적 기술적 분야에 있어서 외국인 인재에 한정하지 않고 일정 전문성과 기능을 가지고 현장경력이 풍부한 외국인 인재를 폭넓게 수용하는 방안을 구축할 필요가 있다. 이를 위해 필요한 분야에 착안하여 이민정책과는 다른 차원에서 외국인 인재를 확보하기 위한 새로운 체류자격을 창설한다."라는 것이었다. 그리고 2018년 7월 24일에는 일정한 전문성과 기능을 가진 새로운 외국인 인재수용 및 일본에서 생활하고 있는 외국인과의 다문화공생 사회실현을 위한 환경정비에 대하여 관계행정기관의 긴밀한 연계와 정부가 일체가 되어 종합적으로 검토하는 관계각료회의를 개최하였다(日本経済再生本部, 2018).

이상과 같이 일본에서 외국인 정책전환의 배경에는 아베정권의 아베노믹스 추진에 따른 일본경제가 어느 정도 개선되는 과정에서 성장에서 분배로의 경제 선순환이 진행되고 유효구인배율이 1970년대 이후 44년 만에 상승함에 따라 일본 전국 도도부현에서는 실업률이 25년 전의 수준으로까지 감소하는 상황에서 발생하였다. 또한, 일본인 노동참여율은 여성과 고령자를 중심으로 상승하여 인구감소 상황에서도 취업자 수는 5년간 251만 명이 증가하였지만, 기업의 노동력 부족은 버블경제 이후의 수준까지 높아지는 상황이었다. 이러한 상황에 2017년 10월 일본거주 외국인노동자 수는 약 128만 명으로 전년 대비 18% 정도 증가하였으며 2007년 신고가 의무화된 이후 최고치를 기록하였다(外務省, 2017).

## 제3절 외국인 이민 수용과 다문화 공생 사회 대응

### 1. 신제도개혁의 기본방침

일본 정부는 아베노믹스 현상에 따른 외국인노동력 부족 상황에 직면하여 2019년 특정기능의 체류자격과 관련된 제도의 적정운용을 도모하기 위하여 특정기능 체류자격과 제도운영에 관한 기본방침을 개정하였다(개정출입국관리 및 난민인정법 제2조3항). 이 제도의 목적은 중소기업을 비롯한 심각한 노동력 부족에 직면한 산업 분야에 적극적으로 대응하고 생산성 향상과 국내 인재확보를 위해 노력해도 확보하기 어려운 상황에 있는 경제 분야에 일정 전문성과 기능을 가진 경력 있는 외국인을 수용하는 시스템을 구축하는 데 있었다(出入国在留管理

庁, 2019).

먼저, 외국인 인재확보가 필요한 산업 분야에 대한 관련 사항을 살펴보면, 생산성 향상과 국내 인재확보를 위해 노력해도 인재확보가 어려운 상황에서 외국인을 통해 부족한 인재를 확보해야 하는 특정 산업 분야에 한정하고 있다. 또한, 인재가 부족한 지역 상황을 고려하는 측면에서는 대도시권, 기타 특정 지역에 과도하게 외국인이 집중되지 않도록 조치하도록 했다. 관계 행정기관의 사무조정에 관한 기본적인 사항에 대해서는 법무성, 후생노동성 등 관계기관의 연계강화로 악질적인 중개업자(브로커)를 철저히 배제하고 보증금을 징수하는 등 중개업자의 개입을 방지하기 위해 양국 간의 규정과 정부 간 문서 작성 등 필요한 방안을 마련하도록 했다.

외국인노동력 부족 상황의 변화 등에 대한 대응은 담당 행정기관의 장이 특정 산업분야의 노동력 부족 상황에 대하여 계속해서 파악하고 변화가 발생했다고 인정되는 경우 제도적 관계기관 및 관할 행정기관이 수용방침에 대하여 협의하고 필요에 따라서는 관계 각료회의에서 분야별 운용방침의 수정, 체류자격 증명서의 교부 정지 혹은 규정에 의거 해당 분야의 배제조치를 검토하도록 했다.

다음 <그림 3>에 제시한 바와 같이 일본 개정입관법(2018년)에서는 체류자격 '특정기능' 1호와 2호가 신설되었는데 요구하는 인재상에 대해 살펴보면 다음과 같다(出入国在留管理庁, 2019).

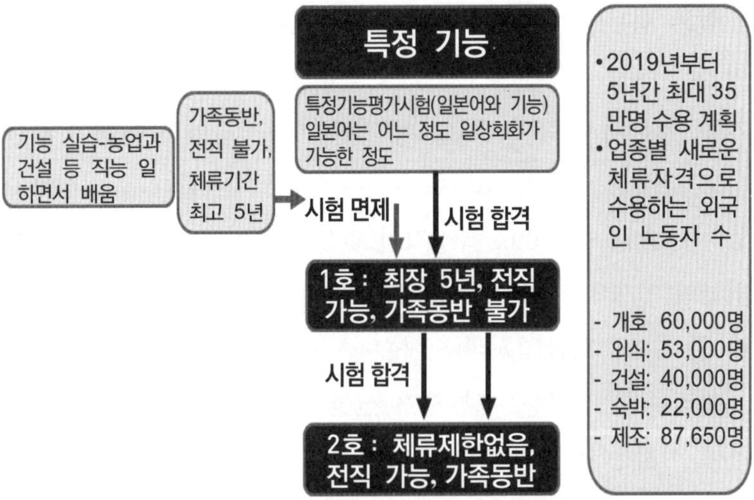


**그림 3. 법무성 출입국관리국 신제도 특징**[2)]

먼저 기능 수준에서 특정기능 1호와 2호로 구분된다. 특정기능 1호는 상당한 정도의 지식 혹은 경험과 기능을 요구하는 업무에 종사하는 외국인 대상의 체류자격으로 특정기능 2호는 같은 분야에 속하는 숙련된 기능을 필요로 하는 업무에 종사하는 외국인 대상의 체류자격을 지칭한다. 일본어 능력 수준에서는 어느 정도 일상회화가 가능하고 생활에 지장이 없을 정도의 회화능력을 기본으로 업무상 필요한 일본어 능력을 요구하고 있다. 체류자격의 특징은 특정기능 1호는 통산 5년을 상한으로 특정기능 2호는 체류 기간의 갱신이 필요하다. 가족동반 여부에서 특정기능 1호는 기본적으로 불가하지만, 특정기능 2호는 가족동반이 가능하다.

2) 본문의 내용과 정책 내용을 바탕으로 연구자가 작성하였다.

일본 법무성의 특정기능의 체류자격은 단순노동분야의 다양한 국적에서 외국인노동자를 수용하는 것을 목표로 일정 지식, 기능, 일본어 능력이 필요하며 기존 기능실습에서 이행이 간단하고 사실상 이민에 해당하는 수준의 영주자 확대를 의미하고 있다(寺倉憲一, 2009). 특징적인 것은 일본어 능력 수준의 설정, 외국인 인재의 지역편중 수정, 공생 환경정비 등을 설정한 것이라 할 수 있다(外国人研修生権利ネットワーク, 2009).

그러나 '특정기능' 체류자격 신설의 문제점으로는 일본인 고용에 미치는 영향(2014년~2018년 5년간 외국인 노동자 수 67만 명 증가, 대부분 기능실습, 유학, 영주자, 기술 인문지식 국제업무 등 4분야 90%)으로 향후 5년간 모든 업종에서 IT 정보화 등에 의한 생산성 향상, 고령자와 여성 등의 일본 국내 인재에 의한 충당을 기대하고 있다는 점이다. 이렇게 되면 일본 정부는 신제도에서 외국인노동자 수용을 확대하더라도 노동력 부족의 단기간 해소 효과가 크고 일본인 고용에 영향이 없을 것으로 판단하였다(出入国在留管理庁, 2019).

## 2. 외국인 인재 수용제도 신설

2019년 특정기능 제도 전체의 운영상황을 살펴보면 다음 <표 29>와 같다. 특정기능 시험 등록지원기관의 등록 건수가 2,453건으로 체류자격 인정증명서 교부 건이 236건, 체류자격 변경허가가 148건, 특례조치로서 특정 활동 허가가 756건으로 나타났다.

표 29. 신제도 시험 실시현황(2019년 9월 말 시점)[3)]

| 업종 | 실시장소(시행 월) | 수험자 수 | 합격자 수 |
|---|---|---|---|
| 개호 | 필리핀 2019년 4월, 5월, 6월, 7월, 8월, 9월. 캄보디아 2019년 9월 | 기능시험 1,108명 일본어 시험 1,130명 | 기능시험 497명 일본어 시험 505명 |
| 빌딩청소 | - | - | - |
| 숙박 | 일본 국내 2019년 4월 | 391명 | 280명 |
| 항공(항공기정비) | - | - | - |
| 음식료품 제조업 | - | - | - |
| 외식업 | 일본 국내 2019년 4월, 6월, 9월 | 2,194명 | 1,546명 |
| 국제교류기금 일본어 기초테스트 | 필리핀 2019년 4월, 5월, 6월, 8월, 9월 | 460명 | 103명 |

2019년 9월 말 시점에서 특정기능 시험 등의 실시 상황에 대해 살펴보면, 개호의 경우 필리핀과 캄보디아에서 시행되었는데 기능시험과 일본어 시험에서 전체의 약 절반 정도가 합격한 것으로 나타났다. 빌딩청소업은 특정기능 시험이 당시 시행되지 않았으며 숙박업은 일본 국내에서 391명의 수험생 중 280명이 합격하였고 외식업은 2,194명 중 1,546명이 시험에 합격한 것으

3) 이 표는 법무성 출입국체류관리청 자료를 바탕으로 연구자가 작성하였다.

로 나타났다. 국제교류기금 일본어 기초테스트는 필리핀에서 시행되었는데 전체 460명의 수험생 중 103명이 합격한 것으로 나타났다(出入国在留管理庁, 2019).

다음 <표 30>은 특정기능 1호에 의한 향후 외국인 인재수용 예상자 수를 나타내고 있다. 먼저, 개호업에서 향후 부족할 것으로 예상하는 외국인 인재 30만 명 중 최대 6만 명을 5년 내 수용한다는 방침을 세우고 있다. 다음으로 빌딩청소업이 9만 명 중 37,000, 소형재 산업이 62,000명 중 2만 15,000명 등으로 나타났다(出入国在留管理庁, 2019).

**표 30. '특정 기능 1호'에 의한 외국인 수용 예상 업종**[4)]

| 업종 | 유효구인배율 (2017년) | 5년간 부족 수 | 5년간 외국 인재수용 수(최대) |
|---|---|---|---|
| 개호업 | 3.64 배 | 전체 부족 수 30만 명 중 국내 생산성 향상과 인재 충당 | 60,000명 |
| 빌딩청소업 | 2.95 배 | 전체 90,000명 중 | 37,000명 |
| 소형재 산업 | 2.83 배 | 전체 62,000명 중 | 21,500명 |
| 산업기계 제조업 | 2.89 배 | 전체 75,000명 중 | 5,250명 |
| 전기 전자정보 관련 산업 | 2.75 배 | 전체 62,000명 중 | 4,700명 |
| 건설업 | 4.13 배 | 전체 210,000명 중 | 40,000명 |

4) 自治行政局国際室(2019)『外国人材の受入れと地域における多文化共生施策の現状等』, p.9. 내용을 중심으로 연구자가 작성하였다.

| 업종 | 유효구인배율<br>(2017년) | 5년간 부족 수 | 5년간 외국 인재수용 수 (최대) |
|---|---|---|---|
| 조선 선박용 공업 | 도장 4.3 배, 철공 4.2 배, 마무리 4.41 배 | 22,000명 중 | 13,000명 |
| 자동차정비업 | 3.37 배 | 13,000명 중 | 7,000명 |
| 항공업 | 4.17 배 | 8,000명 중 | 2,200명 |
| 숙박업 | 6.15 배 | 100,000명 중 | 22,000명 |
| 농업 | 1.94 배 | 130,000명 중 | 36,500명 |
| 어업 | 어선원 2.52 배,<br>수산양식작업원 2.08 배 | 20,000명 중 | 9,000명 |
| 음식료품 제조업 | 2.78 배 | 73,000명 중 | 34,000명 |
| 외식업 | 4.32 배 | 290,000명 중 | 53,000명 |

전체적으로 특정기능 1호에 의해 외국인 인재수용 예상자 수는 개호업이 가장 많았고 다음으로 외식업, 건설업, 빌딩청소업, 농업, 음식료품 제조업 순으로 높게 나타났다.

특정기능 1호의 시험은 대부분 기능시험과 일본어 시험으로 구성되어 있는데 경력이 중요하기 때문에 향후 일본에서 기능실습으로 도일하여 경력을 쌓은 후 일본 내에서 직업 이동을 할 것으로 예상하고 있다.

다음 <표 31>은 외국인 노동자의 기능실습에서 특정기능 1호로 이동할 것으로 예상하는 비율을 나타내고 있다. 기능실습생의 직업 이동의 전망에 대해서는 건설업과 농업이 거의 100% 정도가 기능실습에서 이동할 것으로 예상된다. 또한, 아직 특정

기능 시험이 미비한 관계로 향후 기능실습에서 특정 기능 1호로 이동하는 경향이 절반 이상을 차지할 것으로 예상된다. 일본어 능력을 가장 많이 요구하는 개호업은 0%로 예상되며 숙박업은 기능실습과 특정 기능을 병행할 것으로 예상되고 있다. 전체적으로 외국인 기능실습생들이 특정기능으로 이동하는 경향을 보이고 있어 향후 기능실습생 자체수가 감소할 것으로 예상된다(出入国在留管理庁, 2019).

표 31. 기능실습에서 특정기능 1호로 이동하는 예상비율[5)]

| 업종분야 | 비율 (%) |
|---|---|
| 개호업 | 0 |
| 빌딩청소업 | 11～14 |
| 소형재 산업 | 100 |
| 산업기계 제조업 | 100 |
| 전기 전자정보 관련 산업 | 100 |
| 건설업 | 90～97 |
| 조선 선박용 공업 | 85～88 |
| 자동차정비업 | 43～50 |
| 항공업 | 5～6 |
| 숙박업 | 32～35 |
| 농업 | 90～100 |
| 어업 | 43～56 |
| 음식료품 제조업 | 74～77 |
| 외식업 | 0 |

5) 自治行政局国際室(2019) 『外国人材の受入れと地域における多文化共生施策の現状等』, p.23. 내용을 중심으로 연구자가 작성하였다.

## 3. 외국인 인재수용과 다문화 공생 지원

일본 정부의 신제도 도입을 통한 외국인 인재수용이 본격화되면서 이들에 대한 지원사업도 적극적으로 시행되고 있다. 다음 <표 32>에 제시한 바와 같이 일본 정부는 일본 내 생활자로서 외국인노동자 수용과 다문화공생 사회실현을 위한 종합대응정책으로 생활하기 편리한 지역사회 만들기로서 행정 생활 정보의 다언어화 및 상담체제 정비, 지역 다문화공생 사업의 촉진을 지원하고 있다. 생활서비스 환경 개선사업으로는 의료, 보건, 복지서비스 제공 환경정비로 재난 발생 시 정보 발신 지원, 갈등, 인권문제, 생활 곤란에 대한 대응, 주택 확보를 위한 환경정비 및 지원, 금융 통신서비스 편리성 향상 등을 지원하고 있다.

기타 외국인 노동자와의 원활한 소통 실현을 위한 일본 정부의 지원사업은 일본어 교육, 교육기관 질적 향상 관리(다언어학습교재, 교사 스킬 등), 외국인 학생 교육-지원체제정비, 교원 자질, 학습 기회 확보, 유학생 취업 지원사업, 체류자격 정비와 대학 취업촉진 프로그램 인정 등을 들 수 있다(外国人集住都市会議, 2011).

일본 정부는 외국인 인재 대상의 적정 노동환경을 확보하기 위해 노동조건, 고용 관리, 노동안정위생 확보, 지역에서 안정적 취업 지원(할로우워크 다언어대응, 직업훈련 지원 등)과 사회보험 가입촉진을 위한 가입 및 납세 환경정비, 의료보험 적정 이용 확보(국내 거주 요건 도입 등) 등을 적극적으로 추진하고 있다.

특히 외국인 사회보험 가입은 외국인 연금제도 적용, 출신국과의 협정 체결로 체류국과 출신국에서 연금 가입 기간을 통산하는 시스템 구축의 필요성을 제기하고 있다. 현재 특정기능의 신제도에서는 외국인노동자 수용확대 국가 중 출신국 대부분이 협정이 없는 국가들이 많아 이들 외국인노동자를 대상으로 연금제도가입의 장점을 구체적으로 제시할 필요가 있다. 또한, 지역사회 공생 차원에서 외국인노동자의 도시권 편중을 억제하고 비도시권 노동력 부족의 심각화를 완화하는 방안이 검토되어야 한다. 그 이유는 이동율이 높고 직업 중심으로 주거를 정하는 외국인노동자의 체류가 장기화할 때 외국인노동자들이 정보 획득이 쉬운 대도시로 이동하는 경향이 발생하기 때문이다(日本経済調査協議会, 2008).

**표 32. 외국인 인재수용과 이민자 관련 지원정책 (2018년 기준)[6)]**

| 대항목 | 소항목 | 예산 금액 |
|---|---|---|
| 생활자로서 외국인에 대한 지원 | 다문화공생종합상담원스톱센터 정비 전국 약 1,000개소 11개 언어 대응 | 20억엔 |
| | 다언어음성번역시스템 플랫폼 구축 | 8억엔 |
| | 외국인 환자 안심 진료 체제 정비<br>의료통역 배치, 병원 안내도 다언어화 지원 | 17억엔 |
| | 원활한 소통 실현 일본어 교육 전국전개 | 6억엔 |
| | 외국인 학생 교육 등 충실 | 3억엔 |
| | 고등학생 경력교육 지원, 취업기회 확보 | 1억엔 |
| | 문부성 대학 등 취업촉진 프로그램 인정 등 | 6억엔 |

| 대항목 | 소항목 | 예산 금액 |
| --- | --- | --- |
| | 유학생 취업률 공표요청, 개호 인재확보 일본어 학습 지원 충실 | 14억 |
| 외국인 인재 적정, 원활한 수용 촉진을 위한 지원 | 해외 일본어 교육기반 충실 등 | 34억엔 |
| 새로운 체류관리체제 구축 지원 | 체류자격 절차 원활화, 신속화 | 12억엔 |
| | 출입국체류관리청 창설 | 18억엔 |
| | 불법체류자 대책 강화 | 5억엔 |
| 합계 | | 144억엔 |

## 제4절 외국인노동자와 이민제도 개혁

이 장은 일본에서 외국인의 증가에 따른 출입국관리정책의 전환과 그 의미를 고찰하는 데 있다. 일본에서 외국인증가에 따른 일본 정부의 출입국관리 정책의 전환이 외국인 이민정책의 근본적인 변화를 의미하는 것인지, 아니면 일시적으로 외국인관리 차원에서 진행된 것인지 살펴보고, 특히 신제도로서 '특정기능'의 등장 배경과 특징에 대하여 분석하여 향후 한국 사회에서의 다문화공생과 사회통합 실현이라는 외국인 이민정책에 대한 시사점을 제공하고자 하였다.

6) 法務省入国管理局(2019) 『外国人材の受入れについて』, p.10. 내용을 중심으로 연구자 작성.

연구결과는 다음과 같다.

첫째, 일본에서 외국인 정책전환의 배경에는 아베 정권의 아베노믹스 추진에 따라 일본경제가 어느 정도 호전되는 과정에서 경제성장에서 분배로의 경제적 선순환이 전개되고 기업의 노동력 부족이 버블경제 이후의 수준까지 높아지는 상황에서 발생한 것으로 나타났다.

둘째, 일본 정부는 노동력 부족 상황에 직면하여 2019년 특정기능의 체류자격과 관련된 제도의 적정운용을 도모하기 위해 외국인 특정기능 체류자격에 관한 제도운영의 기본방침을 개정하였다. 이 제도개정의 목적은 중소기업을 비롯한 노동현장에서 심각한 노동력 부족에 직면하고 있는 산업 분야에 적절히 대응하고 생산성 향상과 국내 인재확보를 위해 노력해도 어려운 상황에 부닥쳐 있는 기업에 일정 정도의 전문성과 기능을 가진 경력 있는 외국인 인재 수용시스템을 구축하는 데 있었다.

셋째, 일본 정부의 특정기능 1호 신설에 따른 외국인 인재수용 예상자 수는 개호업이 가장 많았고 다음으로 외식업, 건설업, 빌딩청소업, 농업, 음식료품 제조업 순으로 높게 나타났다. 그 이유는 특정기능 1호가 외국인 대상 기능시험과 일본어 시험으로 구성되어 있어 향후 일본에서 기능실습의 경력을 쌓은 후 이동할 것으로 예상하기 때문이다. 전체적으로 향후 외국인 기능실습생이 특정기능 분야로 이동하여 기능실습생 자체는 수적으로 감소할 것으로 예상된다.

넷째, 일본 정부는 '특정기능' 신제도 도입을 통한 외국인 인재수용 제도를 본격화하면서 동시에 이들에 대한 지원사업도 적극적으로 시행하고 있다. 예를 들면, 생활자로서 외국인노동자 수용과 공생 사회를 위한 종합대응정책으로 생활하기 편리한 지역사회 만들기의 하나로 행정 생활 정보의 다언어화 및 상담체제 정비, 지역 다문화공생 사업의 촉진 등을 지원하고 있다.

결론적으로 일본 정부의 신제도로서 외국인수용정책의 전환은 기능실습생들이 특정기능 1호 외국인노동자로의 이행을 유도하는 것으로 외국인 인재 수용구조에 대한 근본적인 정책전환은 아닌 것으로 나타났다. 가장 큰 이유는 일본 정부가 여전히 외국인 단순노동자 유입을 금지하는 기본자세를 유지하고 있기 때문이다. 한때 일본 버블경제 시기 노동력 부족을 일계브라질인과 기능실습생, 유학생 아르바이트로 대체했던 것과 유사하게 신제도 역시 이러한 정책의 연장선이라고 볼 수 있을 것이다(白石勝己, 2006).

일본에서는 유입된 외국인노동자의 체류 기간이 장기화함에 따라 안정적 정착 제도의 도입과 다문화공생 사회실현이 날로 중요해지고 있다. 이러한 상황에서 일본 정부는 특정 기능의 외국인노동자 관련 신제도를 도입하였고 전업의 자유, 노동조건 정비, 사회보장제도가입 등을 적극적으로 추진하면서 다문화공생 사회실현과 사회통합에 주력하고 있는 것으로 나타났다.

향후 일본 정부는 특정 기능 2호 제도의 도입(이민에 근접)을 준비하고 있다. 그러나 이 제도는 특정 기능 1호의 취업 기간을 영주자 이행 조건에 포함하여 특정 기능 2호 대상업종을 확대하는 것인데 아직 일본 정부는 이 제도의 도입에 적극적이지는 않다.

결론적으로 이 연구는 향후 한국에서의 다문화공생 사회실현과 사회통합을 위한 이민정책의 전환과정에서 귀환 동포(중국동포, 고려인 등)의 제도적 도입과 정책 방향설정에 시사하는 바가 클 것으로 생각된다.

제8장

# 코로나·팬데믹과 재일동포사회

제1절 재일외국인과 재일동포

제2절 코로나 시대 외국인 정책

제3절 재일외국인과 재일동포의 코로나 영향

제4절 코로나와 재일동포

제8장

# 코로나·팬데믹과 재일동포사회

## 제1절 재일외국인과 재일동포

이 장의 목적은 코로나로 인하여 일본거주 재일외국인 혹은 재일동포들에게 미친 영향을 분석하고 일본의 이민 혹은 외국인 정책을 고찰하는 데 있다.[1] 법무성 출입국 관리국에 따르면, 일본에서 재일외국인 인구는 2019년 말 약 293만 명으로 총인구의 2.33%를 차지하고 있다(法務省, 2020).[2] 2019년 말부터 일본에서도 코로나가 만연한 가운데 감염자 수와 사망자 수가 증가하면서 불안감도 커지고 있다. 그동안 재일외국인들은 그들

---

1) 본 연구에서 재일외국인은 일정 기간 일본에 거주하고 있는 외국인(외국 국적자)을 가리키며 관광 등 단기체류자는 포함하지 않고 있다.

2) 法務省(2020)「第1表国籍·地域別在留資格(在留目的)別在留外国人」(https://www.e-stat.go.jp/stat-search/file-download?statInfId=00003196 4914&fileKind=0, 검색일자 2021.10.06.)

을 둘러싼 사회적 환경에 많은 영향을 받아 왔다.[3)] 가령 주로 파견 노동에 종사하는 일계브라질인의 경우 노동수요의 과다(경기조정의 논리)에 의해 실직을 경험하거나 기능실습생에 대한 정보제공 불일치와 인권침해 등 사회적 환경요소가 그들의 생활기반에 큰 영향을 미치고 있다고 지적하고 있다(石塚二葉, 2018: 108).[4)]

이번 코로나 사태 역시 재일외국인들에게 많은 영향을 미치고 있다. 일본에서 코로나화(コロナ禍)는 코로나시대 이후 생겨난 신생단어로 일본 정부 기관, 신문, 뉴스 등에 자주 등장하고 있다. 본 연구에서 코로나화는 2019년 말부터 신형코로나 바이러스 감염증(COVID-19)의 유행에 따른 재난과 위기 상황을 가리키는 용어로 정의하고자 한다. 일본에서 코로나화는 2020년 2월 13일 일본 최초 사망자가 확인된 이후 자숙에 의한 경제활동 중단, 학업중단, 이동의 제한 등 일상생활에 심대한 영향을 미치고 있다. 2020년 5월 23일에는 일본 최초 긴급사태가 모든 도도부현에서 선언되었고 해제된 이후에도 제2~제3의 긴급사태선언 및 감염력이 강한 이변종의 출현확인 등 여전히 탈출구가 보이지 않는 상황이 지속되고 있는 가운데 이제 서서히 포스트 코로나(post corona)시대보다는 위드 코로나 시대로(with

---

3) 丹野清人(2005)「第3章　移住システムと移民コミュニティの形成」梶田孝道·丹野清人·樋口 直人『顔の見えない定住化—日系ブラジル人と 国家·市場·移民ネットワーク』76-105, 名古屋 大学出版会.

4) 石塚二葉(2018)「ベトナムの労働力輸出：技能 実習生の失踪問題への対応」『アジア太平洋研究』13, 99-115.

corona)의 전환을 준비하고 있다.

그동안 일본에서는 코로나화로 인하여 2021년 1월 7일, 1도 3현에 대하여 두 번째의 긴급사태를 선언하였고 이후 여러 지역에서 몇 번의 비상사태가 발생했지만, 향후 위드 코로나 사회를 지속하기 위해서는 감염확대방지는 물론이고 사회적 약자를 보호하는 정책 방안을 염두에 둘 필요가 있다. 코로나시대 일상생활에서 다양한 위기를 극복하면서 국적과 민족에 얽매이지 않고 이 사회에 살고있는 사람들과 공존하고 지속 가능한 사회를 실현하기 위한 재일외국인 정책을 구축하는 것이 매우 절실한 상황이다.

또한, 현재 일본에서 진행 중인 외국인 이민사회의 취약성을 극복하기 위하여 코로나시대 재일외국인의 영향과 취약성을 살펴볼 필요가 있을 것이다. 왜냐하면, 코로나화로 이민자들의 빈곤문제(인권문제)가 발생했다기보다는 이전부터 존재했던 것이 그동안 감추어져 있다가 가시화될 수도 있기 때문이다. 따라서 본 연구는 위드 코로나 시대에 대비하여 코로나화로 노출된 재일외국인의 취약성과 영향을 고찰하고 위기대응과 상생, 지속가능한 사회의 구축이라는 관점에서 구체적으로 코로나화와 재일동포의 배제에 대하여 살펴보고자 한다.

## 제2절 코로나 시대 외국인 정책

일본 정부는 2018년 12월 각의 결정된 '외국 인재수용 및 공생을 위한 종합적 대응책'에서 '외국인을 고립시키지 않고 사회를 구성하는 일원으로서 수용해간다는 관점에서 외국인도 일본인과 동등하게 공공서비스를 향유하고 안심하게 생활할 수 있는 환경을 정비해간다.'라는 방침을 분명히 했다. 2019년 6월 18일에는 '외국인 인재의 수용과 공생을 위한 종합적 대응책의 충실에 대하여'가 결정되었다. 또한, 2019년 12월, 2020년 7월에 종합적 대응책의 개정이 각의 결정되었다. 이러한 상황에서 2006년 12월 외국인노동자문제 관계성청연락회의에서 '생활자로서의 외국인에 관한 종합적 대응'이 책정된 이후 정체되어있는 상황에서 향후 외국인 주민의 통합과 포용을 둘러싼 정책과 실현을 기대하였다.[5)]

그러나 일본에서도 코로나화의 위기는 인종, 민족, 국적을 초월하여 확대되고 있다. 그리고 실제로 코로나화의 영향은 사회구조적으로 취약한 약자의 상황에 있는 이민자들에게 크게 영향을 미치고 있다고 지적하고 있다. 2020년 3월 26일 발표된 유엔특별보고서는 '코로나 대책에 예외가 있어서는 안 되며 누구나가 인명구조를 받을 권리가 있다.'라는 성명을 발표하였다. 또한, 유엔인권고등변무관사무소(OHCHR), 국제이주기관(IOM), 유엔난민고등변무관사무소(UNHCR), 세계보건기관(WHO) 등 4기관은 3월 31일 이민, 난민, 무국적자의 권리와 건강은 코로나 대응에서 보호되어야 한다고 공표하였다.[6)] 이들 유엔기관들

---

5) 公益財団法人日本国際交流センター(2020) 『コロナ禍で試される外国人への対応ー新型コロナウィルス感染症拡大による外国人住民への影響についての自治体アンケート調査ー』, pp.18-19.

은 이민과 외국인 등의 마이노리티들이 코로나화로 인하여 심각한 영향을 받을 것을 우려하여 강한 우려를 표명한 것으로 10월 19일 OECD 보고서는 건강 외에도 고용과 교육 등에서도 이민과 그 자녀들이 원주민들과 비교하여 불리한 영향을 받을 수 있음을 지적하고 있다.

일본에서 코로나의 위협은 코로나화의 감염확대와 장기화에 의해 그 영향력이 사회 경제와 생활 등 전반적으로 다양한 방면에서 심각해지고 있다. 특히, 외국인 주민의 고용형태와 취업, 업종업계 등 고용의 불안정과 이에 따른 생활기반의 동요, 체류자격이라는 법적 지위에 의한 사회경제적 안정화를 도모하기 어려운 상황에서 코로나화에 의한 영향을 조기에 그리고 직접 강하게 받는 것으로 나타났다.

이러한 대표적인 사례를 살펴보면, 먼저 공익재단 일본국제교류센터(日本国際交流センター, 2020)의 설문조사에 의하면, 취약한 상황에 있는 외국인 주민의 상담 및 문의 내용으로서 '공적 생활원조 및 지원금제도'가 67.9%, '체류자격의 변경과 갱신 등'이 50.9%, '실업, 해고, 임금 미지급 등 노동문제'가 47.2%, '생활 곤란(방세 지급 등 거주 문제, 주민세와 광열비 미납 등 포함)'이 41.5%로 외국인 주민이 고용과 생활의 불안정화에 따른 곤란을 겪고 있는 상황이 현저하게 나타났다. 이러한 조사결과는 외국인 주민들이 코로나화에 의한 영향을 받기 쉽

6) 国際移住機関：(https://www.iom.int/news/rights-and-health-refugees-migrants-and-stateless-must-be-protected-covid-19-reponse 검색일자 2021.10.01.).

고 외국인 주민의 대부분이 수입의 격감과 생활위기를 광범위하게 혹은 조기에 직면하고 있음을 방증하고 있는 것으로 생각된다.

다른 측면에서 외국인 주민이 감염과 감염 후의 대응 및 치료와 관련된 불안감을 안고 있어 코로나 감염증과 관련된 외국인 주민의 정보 수요와 제공이 중요하다는 점을 지적하고 있다. 이것은 외국인 주민들이 코로나 증상이나 증상 발생 시의 대응 등 감염에 대하여 정확한 정보를 입수하지 못할 가능성이 있고 의료서비스에 접근하기 위해서는 대응 가능한 병원 정보, 통역수배, 보험의 가입, 검사 치료 등의 비용 부담에 대한 불안을 안고 있어 이러한 불안과 걱정을 해소할 수 있는 정확한 정보제공을 포함한 대응이 필요하다는 것이다.

일본의사회(日本医師会, 2020)에서는 '체류 외국인의 코로나 대응'이라는 지식인 회의에서 "코로나 유행 초기의 가장 불안한 시기에 체류 외국인은 정보에서 배제되었다. 정보격차에 의해 다양한 오해와 곤란, 불리가 발생했다. 필요한 생활 정보 획득의 어려움과 기업 경영난으로 해고 증가, 외국인 정보 약자를 위한 현상개선과 감염병 예방대책에 대한 문화 격차를 고려한 대책 마련' 등을 강조한 바 있다.[7)]

스즈키 에리코(鈴木江理子, 2020)는 '코로나로부터 묻는 이민·외국인정책'이라는 논문에서 외국인 이민자들이 노동력 수

7) 在留外国人のコロナへの対応：(https://www.covid19-jma-medical-expert-meeting.jp/topic/3002 검색일자 2021.10.01.).

요에 따라 공급이 조정되는 파견업과 하청업에 집중되어 있어 불안정한 간접고용에서 종사하는 경우가 매우 높다는 점을 지적하였다.[8)] 외국인노동자들이 소규모 기업에 근무하는 비율이 높고 중층적인 하청구조의 하위에 있기 때문에 주체적인 사업전략이나 고용계획을 세우는 것이 어렵고 경제기반이 취약한 중소기업에 고용되는 경향이 있다. 이 때문에 외국인노동자의 고용주들이 산업구조의 약자로 전락하여 위기가 닥치면 자위적 차원에서 외국인노동자들을 해고하는 경우가 빈번히 발생한다. 또한, 코로나시대 자유로운 직업 이동이 가능하여 선택지가 많은 외국인 노동자들이라 하더라도 실직하거나 새로운 직업을 찾기가 곤란한 예도 있다. 이러한 사례는 일계브라질인 노동자의 경우로 간접고용비율이 높지만, 코로나시대 이들 대상으로 취업에 대한 특단의 지원조치는 시행되지 않고 있다. 이외에도 외국인노동자의 일본어 습득이나 체계적인 기능 습득의 곤란, 외국인노동자에 대한 취업차별과 고용차별의 존재, 국경 개방에 따른 외국인 인재 활용정책의 코로나로 인한 국경폐쇄와 상황에 따른 외국인노동자의 조달이라는 새로운 모델이 구축된 경우도 있다. 특히 권리로서 외국인노동자의 생활보호와 적용확대, 각종 안전망 정보의 다언어화, 일본어 이외 언어에 의한 신청환경 정비, 차별의 해소 등도 시급히 해결되어야 할 과제들로 지적되고 있다.[9)]

---

8) 鈴木江理子(2021) 「コロナから問う移民·外国人政策」ー非常時に翻弄される「不自由な労働者」たちー『国士舘人文科学論集』 第2号, pp.55-56.

일본에서 코로나화는 이민자 혹은 외국인 노동자들에게 고용의 타격, 학업 곤란, 안전망(Safety Net)의 벽, 국적과 국경의 벽 등 다양한 문제를 발생시키고 있다. 이 연구는 코로나화로 인하여 일본거주 재일외국인 혹은 재일동포들이 직면하고 있는 영향에 대해 살펴보고 일본의 재일외국인 정책의 한계를 고찰하는 데 목적이 있다.

## 제3절 ▶ 재일외국인과 재일동포의 코로나 영향

### 1. 재일외국인의 코로나 영향

먼저 코로나화가 재일외국인 사회에 미친 영향과 대응에 대해 살펴보고자 한다. 오기노 타카히토(荻野剛史, 2020)는 일본에서의 코로화의 영향과 대응에 관해 연구를 진행한 바 있다.[10] 그의 연구는 2019년 12월 1일부터 2020년 9월 16일까지 아사히신문과 아사히신문 디지털의 신문기사를 '외국인과 코로나'를 키워드로 검색하였다. 그 결과 총 1,315건을 추출하여 이 가운

---

9) 일본에서 생활보호는 최후의 안전망이지만 1982년 1월 국내외인평등을 기본원칙으로 하는 난민조약이 발효된 후 생활보호법은 개정하지 못하여 외국인은 권리가 아니라 준용으로 취급하고 있다. 그 대상은 체류자격(특별영주자, 영주자, 일본인 배우자 등) 신분의 외국인, 입국관리법상 인정 난민에 제한되어 원칙적으로 이외의 외국인은 대상에서 제외되고 있다.

10) 鈴木江理子(2009)「変わる移民政策：『新たな 住民』の到来と地域社会：共に生きる社会に向けて」『国立民族学博物館調査報告』83, 229-44.

데 재일외국인의 생황에 미친 영향에 관해 기술하고 있는 146건의 기사와 그 신문내용에 포함된 199건의 재일외국인 코로나 영향 관련 내용을 분석하였다. 그 결과를 살펴보면 다음 <표 33>과 같다.

**표 33. 재일외국인의 코로나의 영향**[11)]

<table>
<tr><th>영역 범주</th><th>코로나의 영향</th><th>정부와 지방자치 단체 대응</th></tr>
<tr><td>차별관계</td><td>차별적 취급이나 대응</td><td rowspan="9">정보제공, 상담, 학습지원, 금전지원(일자리 제공), 식품 제공, 상태파악, 소셜액션(계발 포함), 사회에 대한 희망 발신, 체류자격 확충 등, 교섭, 기타 등</td></tr>
<tr><td>노동관계</td><td>해고와 출근 감소, 취업활동 곤란, 부당취급, 수입감소와 경영난</td></tr>
<tr><td>수입관계</td><td>수입감소, 궁핍</td></tr>
<tr><td>거소관계</td><td>거소상실, 거소없음(가석방 후)</td></tr>
<tr><td>교육관계</td><td>학교 휴교, 교실휴교, 학력저하와 저하 걱정, 일본어 능력 저하 걱정</td></tr>
<tr><td>출입국관계</td><td>귀국 불가, 재입국 불가</td></tr>
<tr><td>종교활동관계</td><td>종교 관련 행사축소와 중지, 신장 장소 폐쇄</td></tr>
<tr><td>의문불안관계</td><td>의심, 불안</td></tr>
<tr><td>배제관계</td><td>지원제도에서 제외</td></tr>
</table>

일반적으로 이민자들은 이주지에서 언어, 제도, 마음의 벽이라는 3가지 벽에 직면하는 것으로 알려지고 있다. 먼저 언어의

11) 荻野剛史(2020) 「新型コロナウィルスが在日外国人の生活にもたらした影響とその対応」『東洋大学社会福祉研究』13, p.13 내용을 중심으로 연구자 작성하였다.

벽은 이주지의 언어이해도에 의해 원주민과의 소통이 불편하고 생활하는데 필요한 정보를 입수할 수 없는 문제가 발생한다. 제도의 벽은 제도이용이라는 측면에서 불편함이 커지는 것이며 마음의 벽은 서로 다른 문화를 가진 이민자에 대한 차별과 편견을 의미한다(鈴木江理子, 2009: 231).[12)]

위의 <표 33>에 제시한 바와 같이 일본에서 생활하는 재일외국인들은 코로나화에 의해 이와 유사한 다양한 문제를 경험하고 있는 것으로 나타났다. 가령, 차별적 취급, 부당취급, 거소상실, 학력저하와 저하 걱정, 일본어 능력 저하 걱정, 지원제도로부터 제외 등은 이러한 이민자들의 벽에 의해 발생한 것으로 생각되지만 코로나화가 원인으로 지목되었을 가능성이 존재한다. 마찬가지로 고용기업의 감축이나 사업축소 등에 의해 발생한 해고와 출근 감소 등이 코로나화 이전까지 재일일계인들의 경우 '경기 조정의 역할'로 해명되어왔지만, 최근에는 이러한 것들이 이주자의 벽에 의해 발생한 문제를 코로나화의 원인으로 주장할 수 있다는 점이다.

## 2. 재일동포의 코로나 영향

### 1) 조선대학교 '학생지원긴급급부금' 배제 관련 언론 보도

일본 정부는 코로나화를 계기로 2020년 5월 대학생 등의 학

12) 鈴木江理子(2009)「変わる移民政策：『新たな住民』の到来と地域社会：共に生きる社会に向け て」『国立民族学博物館調査報告』83, 229-44.

습환경을 유지하기 위한 '학생지원긴급급부금'을 신설한 바 있다. 이 지원금제도는 아르바이트 수입 50% 이상 감소하고 학비 지급이 어렵게 된 학생 중 주민세 비과세세대에 20만 엔, 기타 학생에게는 10만 엔을 지급한다는 내용이었다. 지급대상은 국공립사립대(대학원 포함), 단기대학, 고등전문학교, 전문학교, 법무성 고시 일본어 학교, 외국대학의 일본학교 등의 학생들로 제도설계를 담당한 문부성은 '최대한 지급범위를 확대했다.'라고 강조했다. 일본 정부는 약 530억 엔의 예산을 확보하여 유학생을 포함한 대상자 약 43만 명에게 지급되어 2020년도에 제도는 종료되었다.13)

그런데 이 학생지원금이 일본에 있는 조선대학이 제외되었다. 지원금에서 조선대학교 학생들이 배제되자 마이니치신문은 2021년 1월 10일자 "코로나 지원금 왜 우리는 '선의 외부'인가?"라는 사설을 게재하였다.14) 문제의 발단은 신형 코로나화의 영향으로 아르바이트 수입이 격감하는 등 학생들이 학교생활의 어려움에 직면하자 일본 정부가 궁핍한 학생들의 지원책으로 최대 20만 엔을 지급하였지만, 조선대학에 다니는 재일동포 대학생들이 배제된 것에서 비롯되었다. 사설은 일본 정부가 재일동포계 조선대학에 대하여 "고등교육기관임을 정부가 교육내용을 직접 확인하지 않았다. '각종학교'에 속한다."라는 이유로 조

13) コロナ給付金　なぜ私たちは「線の外側」なのか　朝鮮大学校生の訴え：(https://mainichi.jp/articles/20210108/k00/00m/040/114000c 검색일자 2021.10.02.).

14) 每日新聞 2021年1月10日.

선대학교 학생들을 지원대상에서 배제하였고 신청조차 할 수 없는 상황에서 이것인 과연 정당한 배제인가라는 논란을 촉발시켰다.[15]

또한 일본 NHK는 2021년 6월 22일자 방송에서 '코로나화의 학생지원으로부터 조선대학교 제외 유엔특별보고자 시정 요구'라는 내용을 내보냈다. 주요 내용을 보면 신형코로나의 영향으로 빈궁해진 학생들에게 최대 20만 엔을 지원하는 일본 정부의 제도가 조선대학교에는 적용되지 않는 것에 대하여 유엔의 특별보고자는 '인권과 민족에 근거하여 차별에 해당할 염려가 있다.'라고 시정을 요구했다는 것이다. 이에 대해 일본 정부는 유엔 특별보고자들 이 지적한 '차별에 해당하지 않는다.'라고 회답하여 시정에 응하지 않았다.[16]

조선대학의 지원금배제에 대해 일본경제신문은 6월 22일자 보도에서 "비상시 생활 지원정책이 마이너리티를 부당하게 취급했다는 다수의 인권전문가 의견이 일치하였고 제도는 3월에 종료되었지만, 일본 정부는 4월에 차별이 아니라는 반론으로 시정에 응하지 않았다."[17]일본경제신문은 "'학생지원긴급급부금'

15) 재일동포 조선대학교는 해방 후 일본에 잔류하게 된 조선인과 그 자손들이 배우는 최고학부로 1956년 창설되었다. 일본 문부성 학교교육법의 '각종학교'로서 도쿄도가 설치를 인가하였다. 현재 8학급 약 600명의 대학생들이 다니고 있다.

16) NHK NEWS WEB コロナ禍の学生支援から朝鮮大を除外国連特別報告者是正要求: 2021년 6월 22일(https://www3.nhk.or.jp/news/html/20210622/k10013097431000.html 검색일자 2021.10.02.).

17) 朝鮮大生と留学生を差別　国連4報告者, 是正要求 : (https://www.

제도가 2020년 5월에 창설되어 대학과 단기대학, 외국대학 일본어 학교의 학생을 대상으로 학교 교육법상 '각종학교'라는 이유로 조선대학교가 대상에서 제외되었다고 지적하였다. 또한, 유학생에게는 성적 상위 30%에 해당하는 수급요건을 정했다." 라고 보도했다.18) 특히 신문은 대학생의 성적요건에 대하여 '유학생이 코로나화로 인하여 직면하고 있는 곤란은 학업성적과 관계없다.'라고 강조했다. 또한, 일본 정부는 각종학교 학생의 경우 일본인도 배제대상으로 성적요건은 일본인 학생들에게 별도의 기준이 있기 때문에 차별이 아니라고 반론했다.

아사히신문도 2021년 9월 7일자 보도에서 "조선대학교생 '왜 항상 배제' 학생지원긴급급부금으로 '평등' 호소"라는 사설을 게재하였다.19) 신문의 주요 내용은 코로나화로 빈궁해진 학생들에게 정부가 최대 20만 엔을 지급하는 '학생지원긴급급부금제도'에 대하여 조선대학교를 대상에서 제외한 일본 정부에 대하여 유엔 인권이사회의 특별보고자 4명이 일본 정부에 '차별에 해당할 가능성이 있다.'라고 우려하는 공동서한을 지난 2월에 제출하여 일본 정부가 반론에 나섰지만 9월 7일 개최된 집회에서 조선대학교 학생들은 '왜 우리는 항상 제외되는가?'라고 호소하였다. 특히 유엔특별보고자들은 인종차별과 교육, 이주자, 마이너리티 등 4분야를 담당하여 일본 정부에 대하여 제도가 조선

nikkei.com/article/DGXZQOCB22A260S1A620C2000000/ 검색일자 2021.10.02.).

18) 日本経済新聞6月22日.

19) 朝日新聞 2021年9月7日.

대생을 차별하고 있음을 우려하고 '마이너리티 학생들이 국민적, 민족적, 문화적, 언어적 정체성을 획득하는 교육을 받는 것을 더욱 어렵게 하고 있다.'라고 비판했다.[20]

일본 정부는 같은 해 4월 '인종, 민족, 국적을 이용한 차별에는 해당하지 않는다.'라고 반론을 제기했다. 일본 외무성 담당자는 '유엔특별보고자의 견해가 유엔의 견해가 아니다. 법적 구속력도 없다.'라고 주장하였고, 이 때문에 문부성은 차별에 해당하지 않는다고 강조했다. 이에 대하여 재일동포들은 조선대학생의 배제가 조선학교에 대한 공격과 배제의 연장선으로 제외대상이라는 결론이 먼저 결정되었고 이유가 나중에 만들어졌다고 비판하였다.

### 2) 조선대학교 '학생지원긴급급부금' 배제 관련 일본 정부의 반론

2021년 2월 9일부로 유엔인권특별보고자 4명은 학생지원긴급급부금에 대하여 첫째, 유학생 만 성적 상위 등의 추가적 요건이 설정되었다는 점, 둘째, 각종학교인 조선대학교가 배제된 것에 대하여 사회권규약 및 인종차별철폐조약에 위반된다는 우려의 공동서한을 보냈다. 이러한 공동서한은 일본 정부에 다음과 같은 정보제공을 요구하고 있다. "1. 특별보고자의 전달된 이의제기에 대하여 추가정보와 코멘트 제공, 2. 급부금제도의 운용과 유학생 및 마이너리티 학생이 배우고 있는 고등교육기관

20) 朝鮮大学校生「なぜいつも除外」 学生支援緊急給付金で「平等」訴え:(https://www.asahi.com/articles/ASP976G77P97UTIL017.html 검색일자 2021.10.02.).

에서의 학습의 계속을 촉진하려는 조치에 관한 정보, 3. 마이너리티 권리보장과 양질의 교육에 대한 평등한 접근을 확보하기 위해 일본 정부가 취하고 있는 조치에 대한 상세한 정보, 4. 고등교육을 받고 있는 학생의 모든 권리(교육, 노동, 사회보장, 건강, 기타 관련된 생활 모든 분야에 대한 권리)에 코로나가 미치는 영향에 대처하기 위하여 실시 혹은 검토된 추가적 조치에 관한 정보" 등이다.[21] 이에 대하여 일본 정부는 4월 19일자로 회답을 보내왔는데 그 내용은 다음과 같다.

먼저 첫 번째 질문에 대하여 일본 정부의 회답은 "유학생만 추가적 요건이 있다는 지적은 사실과 다르다. 일본인 학생에 대한 요건(JASSO 등 장학금 수급)에 대한 대체요건이며 JASSO 등 장학금 수급요건에도 성적요건이 존재한다."라는 것이었다. 문부성이 제시한 급부금의 요건은 "가정으로부터 다액의 송금을 받지 않는다. 원칙적으로 자택 외 생활을 하고 있다. 생활비와 학비에서 차지하는 아르바이트 수입의 비율이 높다. 가정의 수입 감소 등에 의해 가정으로부터 추가적 지원을 기대할 수 없다. 코로나의 영향으로 아르바이트 수입이 감소하고 있다. JASSO 등의 기존 장학금을 수급하고 있다. 성적평가계수가 2.30 이상, 1개월 출석율이 80% 이상 등"이다. 일본 정부는 JASSO의 고등교육의 수학신지원제도 및 제1종 장학금(무이자 대여형)도 성적요건이 있음을 주장하고 있다. 그러나 일본 고등

21) 学生支援緊急給付金に関する国連共同書簡への日本政府の回答に対する反論 : (https://migrants.jp/news/voice/20210629.html 검색일자 2021년 2021.10.02.).

교육의 수학지원제도는 배우고 싶은 마음을 응원하는 것으로 주요 요건은 세대수입이다. 성적에 대해서는 '수학 의욕과 목적, 장래 인생 설계 등이 확인'되면 지원하고 있다. 지급 계속 여부는 학업성적과 출석률이 현저히 낮은 경우 정지될 수 있지만, 기준은 급부금제도에서 유학생에게 제시한 요건보다 훨씬 낮은 것으로 가령 습득단위 수가 표준단위 수의 50% 이하, 출석율이 50% 이하 등이다. 제1종 장학금(무이자)도 수학 의욕이 있고 우수한 학습성적을 취득할 수 있는 예상이 있으면 성적요건은 필요하지 않다. 문부성은 상기 요건을 충족한 경우라도 대학 등이 경제적 곤궁에 직면하고 있음을 인정하면 지원대상이 된다고 주장하고 있으나 이번 학생지원긴급급부금은 JASSO 제1종 장학금의 수급실적에 의해 대학마다 인원수가 설정되어 있어 생활이 곤란한 학생을 대학 등이 선별 혹은 배제하기 때문에 판단에 있어서 문부성이 제시한 요건을 참조하는 대학 등이 출현할 수 있음을 추측할 수 있다. 또한, 일본 정부는 "전체 지급률이 약 11%인데 비하여 유학생은 약 18%로 유학생을 부당하게 취급해서는 안 된다. 보다 높은 요건임에도 유학생의 지급률이 높은 것은 유학생이 경제적으로 곤란한 현실을 보여주고 있다."라는 것이다(文部省, 2020).

두 번째 질문에 대한 회답은 "조선대학교를 Korea University로 기술하고 있는데 조선대학교는 조선대학(Dai-Gakko)으로 University가 아니라는 것이다. 일본 정부는 급부금의 대상이 일본인, 외국인을 묻지 않고 대학, 고등전문학교, 전수학교, 일본어 학교에 다니는 학생으로 각종학교와 고등학교, 전수학교(고등과정과 일반과정)는 대상 외로 설명하고 조선대학교가 각종 학교로 대학(University)이 아니라는 이유를 전개하고 있다. 한편 외국대학 일본학교도 지급대상에 포함하고 있는데 이에 대한 언급은 없다."라는 것이다(移住連, 2020). 즉, 일조교가 아닌 일본학교나 외국대학 일본학교를 지급대상에 포함하고 있으면서 외국대학 일본학교와 똑같이 대학원 입학자격을 인정하고 있는 조선대학교를 배제한 것에 대한 합리적인 설명은 언급되어 있지 않다는 점을 지적하고 있다.

## 제4절 코로나와 재일동포

이 장의 목적은 코로나로 인하여 일본거주 재일외국인 혹은 재일동포들에게 미친 영향을 살펴보고 일본의 외국인 정책을 고찰하는 데 있다. 연구방법은 기존 문헌 연구 검토와 신문과 방송을 통해 보도된 재일외국인과 재일동포 관련 코로나 영향을 분석하였다.

연구결과는 다음과 같다. 첫째, 일반적으로 코로나의 영향 이전까지 재일외국인들의 차별과 배제는 언어의 벽, 제도의 벽, 마음의 벽 등 3가지 요인에 의해 발생한 것으로 설명되어왔다. 그리고 이러한 요인들은 재일외국인들이 직면한 차별과 배제에 대하여 사회적 환경이라는 '경기 조정의 역할자'로 설명되어온 측면이 존재한다. 둘째, 그러나 코로나 사태 이후 재일외국인들이 직면하고 있는 이주사회에서 다양한 차별과 배제는 새로운 사회적 환경의 출현이라는 '코로나의 원인'으로 돌릴 수 있는 환경을 제공하고 있는 것으로 나타났다. 셋째, 일본 정부의 조선대학교 지원금배제 사례는 '각종학교'라는 이유로 조선학교에 대한 공격과 배제의 연장선으로 제외대상이라는 결론이 먼저 결정되었고 이유가 나중에 만들어졌다는 비판에 직면하고 있다. 결론적으로 일본 정부가 재일외국인 정책에서 다문화 공생과 공존의 이민정책을 지향하고 있지만, 코로나 사태를 통한 재일동포 지원금배제의 사례를 보더라도 재일외국인의 포용에 있어서 이민정책의 일정한 한계를 보이고 있음을 지적할 수 있을 것이다.

이 연구는 일본의 재일외국인 대상으로 코로나의 영향에 관해 기존연구를 통해 살펴보고 재일동포 조선대학교의 지원제도의 배제사례를 분석하였다. 그러나 일본 각지에서 발생하고 있는 코로나의 실태 영향과 차별배제의 사례를 파악하기에는 많은 한계를 가지고 있다. 또한, 이 연구는 코로나로 인한 재일동포 배제에 관해 지원금 사례와 내용에 국한되어 그들이 직면하고 있는 다양한 지원문제에 대해 다루지 못했다. 향후 재일동포가 집거하고 있는 도쿄, 오사카, 나고야 등 지역별 코로나 실태 영향과 지원내용에 대한 다각적 검토가 필요할 것으로 생각된다.

제9장

# 맺 음 말

제9장

# 맺 음 말

이 책의 주요 내용은 사회적 경제와 관련하여 혁신성장과 어떤 관계가 있는지 사례를 통해 살펴보는 데 있다. 2000년 전후 전 세계적으로 세계 각지에서 환경, 에너지자원, 식량, 인구폭발, 남북격차와 같은 다양한 사회적 문제들이 발생하면서 복잡하게 얽혀있는 사회적 문제들은 기업이나 정부가 단독으로 해결할 수 없는 상황에 이르렀다.

이러한 사회적 문제를 해결하기 위해 기존의 기업이나 정부 관계, 그리고 사회구조를 바꿀 필요성이 대두되었다. 또한, 공공성이나 이윤추구가 아닌 새로운 행동원리와 사회적 가치를 추구함으로써 문제해결을 시도하려는 사회적 혁신(Social Innovation)이 탄생하게 되었다. 기존의 사회적 혁신(Social Innovation) 연구들은 연구대상을 크게 다음과 같이 3가지로 구분할 수 있다. 첫째, 사회적 혁신가(Social Innovator)을 대상으로 사회적 기업가나 사회적 기업가정신에 관한 연구이다. 둘째, 사회적 혁신

(Social Innovation)을 일으키는 조직(비영리조직)이나 구조, 활동에 주목하는 연구로 사회적기업과 소셜비즈니스(Social Business)에 관한 연구이다. 이들 가운데 특정 지역 커뮤니티 활동에 주목하는 것이 커뮤니티 비즈니스(Community Business)에 관한 연구이다. 셋째, 영리기업이 수행하고 있는 사회공헌활동에 주목하는 것으로 CSR과 사회공헌활동에 관한 연구들이다.

이미 오래전부터 슘페터(Schumpeter, 1926)나 피터 드러커(Peter Drucker, 1985)는 '사회혁신'이라는 용어를 사용해 왔다. 가령, 슘페터(1926)는 혁신을 신 결합(New Combination)으로 설명하여 새로운 재화의 생산, 새로운 생산방식의 도입, 새로운 판매처의 개척, 새로운 거래처의 획득, 새로운 조직의 실현이라고 정의하였다. 그는 혁신에 대하여 기술혁신뿐만 아니라 사회구조를 크게 변화시키는 관계성의 변화를 포함하였다. 반면, 피터 드러커(1958)는 기업이 모든 국면에서 혁신을 일으키기 위해서는 예상치 못한 성공과 실패를 활용하는 갭 찾기, 수요의 발견, 산업구조의 변화 감지, 인구구조의 변화 착목, 인식의 변화 감지, 새로운 지식의 활용 등 7가지의 기회를 찾아내는 것이 필요하다고 강조하였다.

최근 사회적경제와 혁신 연구의 공통된 주제는 빈곤, 실업, 건강, 양육, 개호문제, 환경파괴 등 사회적 문제의 해결책을 제시하고 이들 관계자의 삶의 질(Quality of Life)의 유지와 향상을 목적으로 하고 있다. 또한, 이러한 사회적 혁신의 목적을 달성하기 위해 효과적인 사회활동이나 구조, 조직에 관해 연구하는 사례들도 있다.

일반적으로 사회적 혁신 혹은 혁신성장은 지역이나 조직에 속한 사람들 사이의 가치관 공유와 새로운 관계성 구축에 따른 지역이나 조직 특유의 역사와 전통, 문화 등을 토대로 사람들이 가지고 있는 암묵적 지식과 지혜를 가시화 혹은 종합화하여 새로운 역사와 전통, 문화를 창출하는 신진대사의 과정에 비유할 수 있다. 또한, 지역의 인간관계나 조직을 지탱하고 있는 사람들, 그 집단으로서의 사회, 자연환경 등에 의해 구성되는 관계 모두를 '생태계'라고 할 수 있다. 이 생태계는 독자성을 가지고 있지만 동시에 서로 다른 생태계와 연결됨으로써 새로운 생태계를 구축하게 된다. 이러한 새로운 생태계가 영향력을 가지고 확대되어 감으로써 기업에서의 혁신성장을 선도할 수 있을 것이다.

이 책에서 사회적경제는 사회적 환경이나 빈곤 문제 등 다양한 사회적 문제에 직면하여 비즈니스를 통해 해결해나가려는 활동으로 정의하고 혁신성장은 기술혁신뿐만 아니라 사회구조를 변화시키는 관계성의 변화를 포함한 새로운 역사와 전통, 문화를 창출하는 신진대사와 생태계의 구축과정으로 정의하였다. 이 책에서 사용하고 있는 주요 사례는 사회적 경제 이론에 근거하여 사회적 혁신과 관련된 내용을 원용하면서 다양한 혁신사례를 분석하였다.

연구결과를 요약하면 다음과 같다. 첫째, 이 책의 연구목적과 배경을 제시하였다. 이 책은 사회적경제가 출현한 지 23년이 지난 시점에서 사회적경제의 역사적 형성과정을 회고하고 지역과 전 세계에서 발생하고 있는 혁신성장의 사례를 살펴보고 향후 시사점을 도출하였다. 한국에서 사회적경제정책의 특징은 초기관 주도의 고용정책과 복지정책(Work Fare)의 연장선에서 전개되어왔다. 사회적경제 조직이 정부주도로 정비 보급되다 보니 조직형태나 지역 특징에 맞는 원활한 지원과 연계되지 못한 문제가 발생하였다. 최근에는 사회서비스제공에 대하여 정부나 지방자치단체의 책임을 강화하는 방향으로 정책이 전개되어 사회적경제 조직의 사업영역 축소나 과잉경쟁이 발생하는 사업영역도 존재한 것으로 나타났다.

둘째, 기존연구를 통해 사회적경제와 혁신성장이라는 이론적 토대를 구축하였다. 한국에서 사회적경제 성립에 관한 논의를 살펴본 결과, 1997년 IMF경제위기에 의한 대량실업을 해결하기 위한 실업 대책으로 시작되었다. 대량실업에 대응하기 위해 대규모 공공근로사업의 개시, 지역 내 시민사회단체 대상의 사업위탁이 진행되었다. 그러나 공공근로사업은 재정지원에 의해 유지되는 임시취업이었기 때문에 개선책으로서 고용의 연속성이 보장되는 안정적 직장 만들기의 필요성이 강조되었다. 그리고 2003년 고용노동부 주도의 사회적 일자리창출사업은 수요증가가 예상되는 사회서비스 분야에 취약계층의 일자리를 창출하여 실업과 소득격차 문제의 해결, 사회적기업의 창출과 지역사회 정착을 촉진하는 사업으로 시작되었다. 그러나 이 사업은 단기적 임시적 저임금고용이 문제가 되어 지속 가능한 양질의 고용과 사회서비스 제공모델이 되는 사회적기업육성과 강화가 요구되었다. 이러한 요청으로 정부와 의회가 사회적기업을 제도화하여 더욱 체계적으로 육성하자는 의견이 강하여 입법기관관계자를 중심으로 2006년 3월 '사회적기업 육성법'의 입법화가 시작되어 같은 해 11월에 성립되었다.

셋째, 한국 사회적경제의 제도화와 정책형성과정에 고찰한 결과, 한국정부가 주도하는 사회적기업 육성정책은 빈곤의 해소(복지정책)와 실업자 고용창출(사회정책)이 통합된 사회정책이었다. 그러나 본질은 빈곤으로부터의 탈피와 사회민주화운동을 진행하는 과정에서 탄생한 생산공동체운동의 계보와 연계되는 사회 혁신성이었다. 지역공동체 형성의 움직임과 국가의 복지정책(국민기초생활보장법 제정 등), 사회정책(자활지원사업, 사회적 취로사업 등)의 수행을 통합하는 정책형성의 노력 끝에 사회적기업 육성법이 성립하여 정책화와 실천 노력이 반복되어왔다. 법 성립 후 지방정부에서도 이 법에 준하는 조례화가 의무화되고 중앙과 지방의 법체계의 일체화가 시도되었다. 사회적기업 육성정책형성에 직접 관련된 관할 부처, 지방정부 관계자, 시민단체, 사회운동 실천자 외에 간접적으로 관련된 사람들도 많았고 투입된 전문지식도 다양했다. 빈곤과 실업의 극복을 지향하는 사회서비스를 사업으로 하는 기업가가 탄생하여 이들 주체가 생활 관련 서비스, 지역 활성화 등의 분야에서 지역사회형성을 담당하게 되었다. 한국 사회적기업육성사업의 실천은 국내의 서로 다른 속성(각 부처, 의회 세력, 민간부문, 시민단체 등)의 구성원들이 참여하는 국가적 사업이었다. 또한, 정책형성의 조성, 정책형성으로부터 정책집행, 실천으로부터 문제분석, 다음 정책형성까지의 피드백은 매우 빠르게 진행되었다.

넷째, 한일 사회적경제와 혁신성장사례에는 한일 사회적경제의 제도화과정을 비교 고찰하였다. 연구결과, 첫째, 한일 사회적경제의 출현 배경과 사회적 목적, 제도화과정의 차이는 뚜렷했으나 사회적경제의 의미와 내용은 전혀 다르게 나타났다. 둘째, 한일 사회적경제의 핵심인 사회적 문제의 내용이나 과제들은 시대적 상황이나 사회적 요구에 따라 가변적이고 다양한 것으로 나타났다. 이 때문에 사회적 문제의 해결방안도 다양화되고 있는 것으로 나타났다. 셋째, 한일 사회적 상황이 상이한 상태에서 사회적 문제의 이슈가 복합적이고 유동적이어서 이러한 사회구조 속에서 사회적경제의 보편적 해결을 상정하는 것은 무리이기 때문에 각 국가와 사회에 적합한 사회적경제 정책을 개발하고 추진하기 위한 지속적인 연구가 반드시 뒷받침되어야 할 것으로 생각된다. 특히 한일 사회적경제 정책에서 한국이 정부 주도로 사회적 약자나 취약계층에 집중되어 있고 일본이 공공정책의 논리로 정부보다는 시민 주도로 NPO법인이나 비영리 활동에 집중되고 있다는 점은 향후 사회적경제 정책의 방향에 많은 시사점을 내포하고 있는 것으로 생각된다.

롯데의 경영혁신연구에서는 일본이라는 이질적인 사회환경에서 창업하여 성공한 요인에 대하여 시대적 흐름을 간파하는 선견적인 예지능력과 혁신성, 신뢰를 바탕으로 한 공격적 경영과 한일 양국사회를 배려하는 글로벌 경영전략, 모국에 대한 적극적인 투자와 기여에 앞장선 금의환향의 기업가정신 등 경영자의 개인적 경험, 사회문화적 요인과 정치적 요인 등이 복합적으로 결합한 결과라고 볼 수 있을 것이다.

일본에서 사회적농업 관련 케어팜과 산림치유 지역혁신사례에서는 농촌재생과 지역 활성화, 농촌 융복합 산업추진 사업과 맞물려 농촌의 생산기능과 자연적 요인을 활용한 다기능적 치료체계구축과 연계된 개념으로 이들에 대한 지역사례를 간략히 소개하였다.

다섯째, 사회적경제와 국내 혁신성장사례로 인구감소, 골목상권 쇠퇴, 건축물의 노후화 등이 현저하게 나타나고 있는 대전시 오정동 일대의 도시재생사업에 의한 지역 활성화에 대하여 지역재생사업를 통한 정책적 추진방안을 고찰하였다. 오정동의 도시재생사업은 도시경쟁력 강화를 통한 일자리창출과 사회적 통합을 지향하고 있는 것으로 나타났다. 이를 위해서는 오정동의 도시재생사업을 통한 고용창출과 지역공동체 일자리창출, 공유경제를 바탕으로 한 창업생태계 구축이 시급할 것으로 생각된다.

여섯째, 사회적경제와 교육 혁신에 대해 고찰한 결과, 학교의 현장이나 가정과 지역에서 선거제도의 계발로 선거 전의 주권자 교육뿐만 아니라 일상적인 교육활동 중에도 '일생의 정치'라는 정치적 주제를 다루고 학교 전체적으로 학생의 주권자의식에 대한 제고 방안이 모색되어야 함을 일본 사례를 통해 살펴보았다. 특히 주권자 교육은 일본 중고등학교 사회과와 공민과 교원들이 중심적인 역할을 담당하고 다른 교원 혹은 관계자들과 연계하면서 각 학교의 상황에 따른 주권자 교육 프로그램을 계획하고 실행해나가고 있음을 제시하였다. 향후 한국에서 주권자 교육은 청년 유권자를 대상으로 협의의 주권자 교육과 광의의 주권자 교육을 병행하는 방식으로 주권자로서의 행동의식을 변화시키거나 지속시킬 수 있는 주권자 교육이 전개되어야 함을 주장하였다.

일곱째, 재일외국인 노동자와 이민제도의 개혁에서는 외국인의 증가에 따른 출입국관리정책의 전환과 그 의미를 고찰하였다. 일본 정부의 신제도로서 외국인수용정책의 전환은 기능실습생들이 특정기능 1호 외국인노동자로의 이행을 유도하는 것으로 외국인 인재 수용구조에 대한 근본적인 정책전환은 아닌 것으로 나타났다. 이 연구는 향후 한국에서의 다문화 공생 사회실현과 사회통합을 위한 이민정책의 전환과정에서 귀환 동포(중국동포, 고려인 등)의 제도적 도입과 정책 방향설정에 시사점을 제시하였다.

여덟째, 코로나·팬데믹과 재일동포사회에서는 코로나로 인하여 일본거주 재일외국인 혹은 재일동포들에게 미친 영향을 살펴보고 일본의 외국인 정책을 고찰하였다. 일본 정부가 재일외국인 정책에서 다문화 공생과 공존의 이민정책을 지향하고 있지만, 코로나 사태를 통한 재일동포 지원금배제의 사례를 보더라도 재일외국인의 포용에 있어서 이민정책의 일정한 한계가 있음을 지적하였다.

이 책은 사회적경제가 사회적 환경이나 빈곤 문제 등 다양한 사회적 문제에 직면하여 비즈니스를 통해 해결해나가려는 활동으로, 혁신성장은 기술혁신뿐만 아니라 사회구조를 변화시키는 관계성의 변화를 포함한 새로운 역사와 전통, 문화를 창출하는 신진대사와 생태계의 구축과정으로 정의하여 혁신사례들을 살펴보았다.

결론적으로 사회적 혁신은 지역이나 조직에 속한 사람들 사이의 가치관 공유와 새로운 관계성의 구축에 의해 그 지역이나 조직 특유의 역사와 전통, 문화 등을 토대로 사람들이 가지고 있는 암묵적 지식과 지혜를 가시화 혹은 종합화하여 새로운 역사와 전통, 문화를 창출하는 신진대사의 과정에 비유할 수 있을 것이다. 또한, 지역의 인간관계나 조직을 지탱하고 있는 사람들, 그 집단으로서의 사회, 자연환경 등에 의해 구성되는 관계 전체를 '생태계'라고 할 수 있다. 이 생태계는 독자성을 가지고 있지만 동시에 상이한 생태계와 연계됨으로써 새로운 생태계를 구축하게 된다. 이 새로운 생태계가 영향력을 가지고 확대되어 감으로써 기업에서의 혁신성장을 선도할 수 있을 것이다. 향후 사회적경제와 지속가능한 혁신성장은 기업이나 조직이 성장하기 위해 신진대사와도 같은 관계성에 의한 연결망과 생태계구축이 매우 중요할 것으로 생각된다. 이를 위해서는 사회적경제의 이론적 관점에서 혁신성장과 관련된 지속적인 연구로 다양한 후속연구들이 출현하여 새로운 방향을 제시해주기를 기대한다.

# 참고문헌

- 국내 문헌
- 해외 문헌
- 기타 문헌

# 참 고 문 헌

## 국내 문헌

경기도 도시재생지원센터(2018)『경기도 도시재생지원센터 2018년 운영성과』 수원: 경기도 도시재생지원센터.

김경미·문지혜외(2013)「한국 치유농업의 현황 및 특성 분석」,『농촌지도와 개발』 20(4), pp.909-936.

김광중(2010)「한국 도시쇠퇴의 원인과 특성」,『한국도시지리학회지』 13(2), pp.43-58.

김귀순(2019)「신도시개발과 도시재생의 나아갈 방향」,『한국환경정책학회 학술대회논문집』, pp.35-42.

김은란·강미나(2019)「영국과 일본의 빈집 관리정책과 시사점」,『국토정책 Brief』, pp.1-8.

김용민·제점숙·이원범(2012)「일본의 사회적기업에 대한 고찰」,『일본근대학연구』 35, pp.325-328.

김상민·이소영(2018)『사회혁신을 위한 참여적 지역 거버넌스 체계 구축방안』, 한국지방행정연구원.

김성학·장주연(2017)「네덜란드 그린케어 및 케어팜 정책 사례와 시사점」,『국제산림정책토픽』제55호.
김옥진(2016)「치유농업으로서 축산동물을 활용한 치유프로그램 운영에 대한 고찰」,『한국동물매개심리치료학회지』5(1).
김충완(2016)「한국에서 민법상 성년연령-19세의 의의」,『비교법연구』78, pp.173-176.
김학만·권정만(2019)「사회적 용어를 중심으로 한 사회적 경제의 개념에 대한 시론」,『사회적경제와 정책연구』9(1), 35-56.
김학실(2017)「사회적 경제 제도화과정에 대한 비판적 담론 분석 : 사회적경제 기본법(안) 입법 과정을 중심으로」,『사회적경제와 정책연구』7(1), pp.27-29.
김호석(2018)「대학생들의 전통시장 먹거리 인식에 대한 주관성 연구」,『한국콘텐츠학회논문지』18, pp.277-284.
김혜원(2017)「한국사회적기업 정책 10년의 평가와 개선과제」,『민주사회와 정책연구』33.
김혜원·김성기·강대성 외 3명(2018)「사회적기업 등록제 도입방안 연구」,『사회적기업 연구』, 11.
네모토마사쯔구·박영화(2015)「한국 사회적경제 조직의 정착을 위한 법제도 발전 방향-일본의 특정 비영리 활동 촉진법(NPO법)과의 비교를 중심으로」,『법학연구』26(1), pp.405-406.
박연정·김훈(2019)「전주 선미촌 도시재생의 특징에 관한 연구」,『한국주거학회논문집』30(1), pp.87-96.
박재수(2018)「전통시장과 도심활성화」,『대한경영학회 학술발표대회논문집』, p.104.
박준식·안동규(2014)「사회적기업의 발전경로 비교-동아시아를 중심으로」,『지역사회학』15(2), pp.33-57.
박찬임(2008)「사회적기업 창출 및 육성을 위한 과제」,『노동리뷰』

43, pp.31-48.
변철환·강희원(2015)「협동조합의 조직변경에 관한 일고찰」,『경희법학』 50(4), pp.369-404.
세넷, 리처드(2013)『투게더: 다른 사람들과 함께 살아가기』, 김병화 역. 서울: 현암사.
이나영·안재섭(2014)「문화적 도시재생전략의 사례 연구」,『한국사진지리학회지』 24(4), 109-122.
이범현·남성우·김영현(2019)「도시재생 측면에서 입체도시계호기의 기능과 제도 개선 방안」,『한국콘텐츠학회논문지』 19, pp.516-524.
이정희·김명수·조정형(2018)「골드키즈(Gold Kids) 트렌드로 접근한 전통시장 활성화 방안 연구 : 부산 자갈치시장을 대상으로」『한국디자인학회 학술발표대회 논문집』, pp.124-125.
이해진(2019)「사회적경제 조직의 지속가능성과 협력 네트워크 조직의 관계-중앙정부, 지자체, 시민단체를 중심으로-」,『사회적경제와 정책연구』 9(1), pp.57-89.
이해진(2020)「충청북도 농촌 사회적경제의 현황과 발전방안 : 사회적 가치를 중심으로」,『농촌사회』 30(1), pp.135-180.
임계호(2019)「경기도민이 함께 만드는 경기도형 도시재생 뉴딜사업」,『국토』, pp.54-62.
임영언(2006)「재일코리안 기업가의 네트워크 현황 및 활성화 방안」,『재외한인연구』 17.
임영언(2007)「재일한국인 기업가의 네트워크가 경영성과에 미치는 효과에 관한 연구」,『日本文化學報』, 34.
임영언·이석인(2011)「재일코리안기업의 경제네트워크 특성과 경영성과에 관한 연구」,『일본문화학보』 48.
임현성·김충호(2019)「도시쇠퇴의 공간적 실태분석 및 정책개선 방향 고찰-부산시 부산진구의 사례를 중심으로」,『국토계획』

54(1), pp.186-198.
신명호(2009) 「한국의 '사회적 경제' 개념 정립을 위한 시론」, 『동향과 전망』 75, pp.11-46.
송미령·성주인외(2019) 『지방분권시대 농촌 지역개발의 거버넌스 정립방안 연구』, 한국농촌경제연구원.
장윤배·봉인식·이정임·김채만·최준규·강성익·조하영(2018) 『경기도 도시재생 전략 및 실행방안』, 수원: 경기연구원.
정철호·이종호(2013) 「창원시 마산지역의 도시쇠퇴와 재생정책」, 『한국사진지리학회지』 23(4), pp.191-204.
최영완·김영주(2019) 「그린케어 도입을 위한 시설과 프로그램 유형 분류 및 중요도 분석」, 『한국농촌계획학회』 25(4).
한상진·황미영(2010) 「한국과 영국의 사회적기업 제도화에 관한 비교연구: 영국의 공동체 이익회사와 한국의 노동부 인증사회적기업을 중심으로」, 『시민사회와 NGO』 8(1), pp.91-124.
홍현철·유영준(2012) 「도시쇠퇴지역의 경관 분석-서울 노원구 백사마을을 대상으로」, 『한국사진지리학회지』 22(1), pp.77-90.

## 해외 문헌

アーサー·H·コール·中川敬一郎訳(1965) 『経営と社会ー企業者史学序説』, 東京大学出版会, p.215.
李光宰(2011) 『「在日企業」の日本への貢献ー安楽亭(株)を事例にー』, 在日朝鮮人史研究, 在日朝鮮人運動史研究会編, pp.157-172.
李洙任(2012) 『在日コリアンの経済活動ー移住労働者·起業家の過去·現在·未来』, 不二出版, pp.4-8.
浅香幸枝(2018) 「日系人の受け入れ支援-中南米日系社会との連携の視点から-」, 『留学交流』 93, pp.20-21.

井口太(2015) 「東アジア経済統合下の外国人労働者受入れ政策」社会政策学会編, 『社会政策』 7(2), pp.9-26.

井口泰(2009) 『外国人労働者新時代』, ちくま新書.

一般社団法人北海道総合研究調査会(2014) 『過疎地域における地域包括ケアシステムの構築に関する調査研究事業報告書』, pp.120-130.

今井久(2013) 「ソーシャルビジネスの可能性－グローバル経済からローカル経済へ－」, 『社会科学研究』 33, 東京大学社会科学研究所, pp.1-18.

石塚二葉(2018) 「ベトナムの労働力輸出 : 技能 実習生の失踪問題への対応」, 『アジア太平洋研究』 13, 99-115.

石原武政·渡辺達朗編著(2018) 『小売業起点のまちづくり』, 碩学舎中央経済社, pp.12-29.

林永彦(2007) 「在日コリアン企業家の経営活動とネットワークの展望」, 『大原社会問題研究所雑誌』 588.

林永彦(2008) 「在日コリアン企業家の起業動機と企業類型化研究」, 『立命館国際地域研究』 28.

上原直人(2017) 『近代日本公民教育思想と社会教育ー戦後公民館構想の思想構造ー』, 大学教育出版.

上原直人(2018) 「選挙啓発の歴史的展開と社会教育」, 『Voters』 44, pp.22-23.

内田亜也子(2017) 「民法の成年年齢引き下げの意義と課題ー未来を担う若年者の自立への期待と新たな支援対策の必要性ー」, 『立法と調査』 395, pp.64-66.

呉圭祥(1992) 『在日朝鮮人起業活動形成史』, 雄山閣出版.

呉世雄(2017) 「韓国の社会的企業育成法の成果と課題」, 『社会福祉学』 58, p.4.

呉世雄(2019)『韓国における社会的経済組織の育成政策と経営実態』一般財団法人全国勤労者福祉・共済振興協会, pp.4-7.

大畑方人(2018)「実際の選挙をアクティブに学ぶ」,『Voters』47, pp.12-20.

太田貞司(2006)「大都市における地域ケアシステム構築をめぐる現状と課題」,『住民と自治』自治体問題研究所編, pp.48-65.

荻野剛史(2020)「新型コロナウィルスが在日外国人の生活にもたらした影響とその対応」,『東洋大学社会福祉研究』13, p.13.

鹿児島県(2018)『鹿児島すこやか長寿プラン2018：平成30年度～平成32年度』61.

神原理(2010)「ソーシャル・ビジネスによる社会関係資本の再構築」『社会関係資本研究論集1』, 社会関係資本研究センター, pp.89-90.

金在廷(2017)『離れた区域の連携による都市再生手法に関する研究』, 日本大学大学院理工学研究科博士論文, pp.11-13.

金眞那(2015)『在日コリアンにおける企業家活動の分析ーエスニック・アイデンティティ・ネットワークの概念を用いてー』, 広島市立大学博士論文, p.18.

海外同胞問題研究会(1996)「在日」として生きること：「不遇意識」から出発する普遍性」,『僑胞政策資料』53.

加藤知愛(2014)「社会的企業による雇用創造に関する研究ー韓国の社会的企業育成政策を事例にー」,『国際広報メディア・観光学ジャーナル』16, pp.4-5.

梶田孝道・丹野清人・樋口直人(2005)『顔の見えない定住化ー日系ブラジル人と国家・市場・移民ネットワーク』, 名古屋大学出版会.

柏崎千佳子(2018)「日本社会と政治・行政におけるエスノ・ナショナリズム」移民政策学会設立10周年記念論文集刊行委員会(編)

『移民政策のフロンティア日本の歩みと課題を問い直す』, 明石書店, p.22.

柏井宏之(2013)「社会的企業の展開ー日韓市民交流とその比較」,『大原社会問題研究所雑誌』662, p.35.

外国人研修生権利ネットワーク(2009)『外国人研修生 時給 300 円の労働者 2』, 明石書店.

外国人集住都市会議(2011)『いいだ 2011 会議資料』.

外務省(2017)『中南米日系社会との連携に関する有職者懇談会報告書』, pp.8-9.

木村富美子·萩原清子·堀江典子·朝日ちさと(2001)「社会的企業の特徴と社会的課題との関連に関する考察」,『地域学研究』43(3), pp.2-3.

厚生労働省老健局(2007)『地域包括センターの手引き』, 東京都社会福祉協議会.

小林美津江(2011)「地域活性化の新しい潮流～文化芸術の可能性と創造都市～」,『立法と調査』314, pp.134-135.

公益財団法人日本国際交流センター(2020)『コロナ禍で試される外国人への対応ー新型コロナウィルス感染症拡大による外国人住民への影響についての自治体アンケート調査ー』, pp.18-19.

京都府教育委員会(2017)『高等學校等における主権者教育指導の手引き』, p.1.

坂本忠次(2010)「わが国社会的企業等に関する一考察」,『関西福祉大学社会福祉学部研究紀要』13, pp.147-154.

佐々木利廣(2013)「ソーシャルビジネスモデルのスケールアウトービジネスモデルの模倣と移転」『経営教育研究16』, pp.17-28.

社会保障審議会(2013)『社会保障制度国民会議報告書』.

社団法人日本社会福祉士会編(2006)『地域包括支援センターのソーシャルワーク実践』, 中央法規.

自治行政局国際室(2019)『外国人材の受入れと地域における多文化共生施策の現状等』, p.3.

(財)日本経済調査協議会(2008)『外国人労働者受入れ政策の課題と方向―新しい受入れシステムを提案する―』.

J·A·シュンペーター著；八木紀一郎, 荒木詳二訳(2020)『シュンペ-タ-経済発展の理論(初版)』, 日経BP日本経済新聞出版本部.

白石勝己(2006)「留学生数の変遷と入管施策から見る留学生 10万人計画」, 『留学生メールニュース』 61, 財団法人アジア学生文化協会.

白澤政和(2013)『地域のネットワークづくりの方法：地域包括ケアの具体的な展開』, 中央法規.

出入国在留管理庁(2019)『新たな外国人材の受入れ及び共生社会実現に向けた取組』, pp.7-10.

在日本朝鮮人商工連合會(1956)『在日本朝鮮人商工便覽 ： 1957年版』, 綠蔭書房.

在日韓国青年商工人連合会(1989)「青商―豊かな同胞社会を目ざして―」, 在日韓国青年商工人連合会.

鈴木江理子(2009)「変わる移民政策：『新たな 住民』の到来と地域社会：共に生きる社会に向け て」, 『国立民族学博物館調査報告』 83, pp.229-44.

鈴木江理子(2020) 「『一億総活躍社会』の背後で進む『外国人人材の活用』一何が彼·彼女らの『活躍』を阻むのか？」, 『社会政策学会』 11(3), ミネルバ書房, pp.29-41.

鈴木江理子(2020)「新型コロナウィルス感染症拡大と移民·外国人一非常時に露呈した差別と脆弱性」, 『部落解放』 9, 解放出版社,

pp.40-49.

鈴木江理子(2020) 「すべての学生の「学びの継続」を求めて-コロナ禍における新たな差別は許されない」,『ヒューマンライツ』10, pp.42-45.

鈴木江理子(2021) 「コロナから問う移民·外国人政策」ー非常時に翻弄される「不自由な労働者」たちー『国士舘人文科学論集』2, pp.55-56.

関口秦(1930)『公民教育の話』, 朝日新聞社.

関根孝·趙時英(2008)「韓国「在来市場」の発展方向ー伝統的商業集積の活性化の途を探る」,『専修大学都市政策研究センター論文集4』, 専修大学都市政策研究センター, pp.193-194.

総務省地域力創造グループ地域振興室(2016)『暮らしを支える地域運営組織に関する調査研究』.

田中弥生(2011)『市民社会政策論』, 東京: 明石書店.

丹野清人(2005)「第3章　移住システムと移民コ　ミュニティの形成」梶田孝道·丹野清人·樋口　直人『顔の見えない定住化—日系ブラジル人と 国家·市場·移民ネットワーク』, 名古屋 大学出版会, pp.76-105.

崔相鉄·柳到享(2014)「韓国における流通政策の展開と伝統的商業集積の問題性」,『流通研究 17』pp.45-46.

塚本一郎(2008)「キーパーソンに聞く：非営利セクターの新しいモデルとしての社会的企業ー日本, イギリス, アメリカの比較」,『自治体チャンネル』112, 10-13.

堤英敬·中村祐斗·牧野晃平(2018)「19才の投票率はなぜ低いのか？」『Voters』43号, p.9.

寺倉憲一(2009)「我が国における留学生受入れ政策—これまでの経緯と「留学生 30万人計画」の策定—」『レファレンス』697.

pp.27-47.
デイビッドウィリス・李洙任(2012),「「在日コリアン系起業家」李洙任編著, 在日コリアンの経済活動一移住労働者・起業家の過去・現在・未来」, 不二出版, pp.152-153.
鳥羽美香(2007)「地域ケアシステムにおける地域包括支援センターの機能に関する研究-ソーシャルワーカーの役割と職種間協働を中心に-」,『文京学院大学人間学部研究紀要』 9(1), 223-233.
地域包括ケア研究会(2009)『地域包括ケア研究会報告書～今後の検討のための論点整理～』.
内閣府(2011)『高齢者の経済生活に関する意識調査』.
中辻雄一郎(2014)「成年年齢の引き下げ」,『民事月報』69(7), p.4.
中村新造(2016)「民法の成年年齢引き下げに関する論点整理」,『九州法学会会報』, pp.71-72.
中野いく子(2015)「地域包括ケアの推進を目指して」,『学術の動向』20(1), pp.75-78.
永野慎一郎編(2010)『韓国の経済発展と在日韓国企業人の役割』, 岩波書店.
日本内閣府(2011)『内閣府政策統括官(経済社会システム担当)委託調査, 社会的企業についての法人制度及び支援の在り方に関する海外現地調査報告書』, 2011年 3月.
日本経済再生本部(2017)『未来投資 戦 略 2017 — Society 5.0 の実現に向けた改革—』, pp.7-18.
日本経済再生本部(2018)『経済財政運営と改革の基本方針 2018～少子高齢化の克服による持続的な成長経路の実現～』, pp.8-48.
西村公孝(2008)「主権者教育の支店から新学習指導要領を考える-新

学習指導要領(公民教育)をどう評価するか」,『私たちの広場』302, pp.13-14.
西山康雄·西山八重子(2008)『イギリスのガバナンス型まちづくりー社会的企業による都市再生』, 東京：学芸出版社.
根本真嗣(2012)「社会的企業の日韓比較：歴史的, 法制度的, 有機的連帯の観点から」,『Venture review』20(20), pp.41-45.
河明生(1997)『韓人日本移民社会経済史ー戦前編』, 明石書店.
河明生(2003)『マイノリティの起業家精神ー在日韓国人事例研究,” ITA.
韓載香(2005)『京都繊維産業における在日韓国朝鮮人企業のダイナミズム』, 歴史と経済, 187.
韓載香(2007)「パチンコ産業と在日韓国朝鮮人企業」,『社会経済史学』73(4).
韓載香(2008)「在日企業と民族系金融機関—パチンコホールを事例に—」,『イノベーション·マネジメント』5.
韓載香(2010)『「在日企業」の産業経済史ーその社会的基盤とダイナミズム』, 名古屋大学出版会.
韓載香(2012)『第1章 在日韓国·朝鮮人ービジネスのダイナミズムと限界』, 樋口直人編著 日本のエスニック·ビジネス, 世界思想社.
八田令冷子(2016),『鹿児島の地域包括システムの深化のために-地域共生社会の実現を目指して-』, pp.2-3.
朴一(2005)『「在日コリアン」ってなんでんねん？』, 講談社プラスアルファ新書.
朴一(2012)『在日コリアンの起業家精神とエスニック·アイデンティティーエムケイグループ創業者·青木定雄の事例研究』, 李洙任編 在日コリアンの経済活動ー移住労働者, 起業家の過去·現在·未来, 不二出版.

樋口直人(2020)「経済危機と在日ブラジル人一何が大量失業・帰国をもたらしたのか」,『大原社会問題研究所雑誌』622, pp.50-66.

藤井敦史(2009)『日本における社会的企業概念の受容と公共政策』, 2009年11月発表文.

法制審議会「民法の成年年齢の引き下げについての意見」別添；法制審議会民法成年年齢部会「民法の成年年齢の引き下げについての最終報告書」(2009年10月28日), p.7.

法務省入国管理局(2019)『外国人材の受入れについて』, p.10.

前田多門(1936)『公民の書』, 選挙粛正中央連盟.

松本正生(2018)「「18才選挙権」2016～2017年へ第48回衆議院選追跡調査から」,『Voters』43号, pp.5-6.

松本典子(2010)「ソーシャル・エンタープライズによる地域雇用創出」,『日本計画行政学会コモンズ研究会』, pp.1-2.

松川正毅・窪田充見(2015)「新基本コメンタール親族」,『別冊法学セミナー』240, p.17.

水野紀子(2010)「民法の観点からみた成年年齢引き下げ」,『ジュリスト』1392, p.163.

三菱UFGリサーチ&コンサルティング株式会社(2015)『2015年度社会的企業の実態に関する調査研究』, 最終報告書, pp.67-71.

文部科学省(2008)『留学生 30万人受け入れ計画骨子』.

矢作敏行外編著(2017)『商業近代化から地域商業の底力を探るまちづくりへ』, 白桃書房, pp.204-227.

八木橋慶一(2011)「英国地域再生と社会的企業一労働党政権期における挑戦とその意義一」,『人間福祉学研究』4(1), pp.29-42.

柳到享(2016)「韓国における小売競争構造の変化と流通政策の課題」,『経済理論 383』, 経済理論学会, pp.71-86.

柳到享・横山斉理(2009)「商店経営者の家族意識に関する実証研究」,

流通研究 11』, 日本商業学会, pp.37-56.
渡辺達朗著(2014)『商業まちづくり政策—日本における展開と政策評価』有斐閣, pp.47-90.

Clark, D. (1989) Urban Decline, London: Routledge.
Connelly, S., S. Markey·M. Roseland (2011) "Bridging sustainability and the social economy: Achieving community transformation through local food initiatives", *Critical Social Policy* 31(2), pp.308-324.
Defourny & Nyssens (2006) Defining social enterprise, M. Nyssens(ed.) Social Enterprise: At the crossroads of market, public policies and civil society, N.Y.: Routledge.
Defourny, J. and Nyssens, M. (2006) Defining social enterprise, in Nyssens, M. (ed.) Social Enterprise : At the crossroads of markets, public polices and civil society, Routledge: 3-26.
Grant, K., Princen, B., Zielony, T., Douglas, S. (2006) Shrinking Cities: Volume 1: International Research, Hatje Cantz Publishers, pp.20-34.
Karl Polany (1944) The Great Transformation, Beacon Press.
Kim, Jee-Yeop·Jung, Jong-Dae (2007) "A Comparative Study on the Land Use Systems of Korea and the US with a Focus on Property Rights under the Constitution, Korea Planning Association", *Journal of Korea Planning Association* 42(4), 7-28.
Peattie, K and Morley, A. (2008) Social Enterprise : Diversity and Dynamics, Contexts and Contributions, Social Enterprise Coalition (SEC), pp.40-41.
Schumpeter, J. A. (1926) "Theorie der wirtschaftlichen Entwicklung:

eine Untersuchung über Unternehmergewinn, Kapital, Kredit, Zins und den Konjunkturzyklus", (2. Aufl.) Leipzig : Duncker & Humblot. (塩野谷祐一·中 山伊知郎·東畑精一訳『経済発展の理論：企業者利潤·資本·信用·利子およ び景気の回転に関する一研究(上)(下)』岩波書店, 1977年).

Schumpeter, J. A. (1939) "Business Cycles: A Theoretical, Historical, and Statistical Analysis of the Capitalist Process", Vol.1, Vol.2, McGraw-Hill Book Co. (吉田昇三監修·金融経済研究所訳『景気循環論―資本主義過程の理論的·歴史的·統計的分析―』, (Ⅰ)·(Ⅱ)·(Ⅲ)·(Ⅳ)·(Ⅴ), 有斐閣, 1958年, 1959年, 1960年, 1962年, 1964年).

Schumpeter, J. A. (1950) Capitalism, socialism, and democracy, 3rd ed, Harper & Brothers. (中山伊知郎·東畑精一訳『資本主義·社会主義·民主主義(新装版)』東洋経済新報社, 1995年) p.83.

## 기타 문헌

국민일보, 2018년 9월 3일, https://search.daum.net/search?w=img&DA=IIM&t__nil_searchbox=btn&q(검색일자 2021.10.18.).

다음블로그, 도시재생, https://search.daum.net/search?w=bookpage&bookId=3750711&tab=introduction&DA=LB98(검색일자 2021.10.18.).

네이버블로그, 도시재생 사업모델, http://blog.naver.com/PostView.nhn?blogId=ulsansmartsjun&logNo=221336481711(검색일자 2021.10.18.).

대덕구 오정동 일원 도시재생 뉴딜사업 추진, http://www.mimint.co.kr/article/board_view.asp?strBoardID=news&bbstype=S1N17

&sdate=0&skind=&sword=&bidx=1587639&page=1&page-block=1.(검색일자 2021.10.18.).

볼런터리체인(voluntary chain): http://100.daum.net/encyclopedia/view/31XXXXX20630(검색일자 2018.10.04.).

조선일보, 마을공동체사업: http://news.chosun.com/site/data/html_dir/2019/ 03/12/2019031200396.html(검색일자 2021.10.18.).

젠트리피케이션, https://minsing2.tistory.com/356.(검색일자 2021.10.18.).

学生支援緊急給付金に関する国連共同書簡への日本政府の回答に対する反論 ：(https://migrants.jp/news/voice/20210629.html 검색일자 2021.10.02.).

NHK NEWS WEB コロナ禍の学生支援から朝鮮大を除外国連特別報告者是正要求: 2021년 6월 22일(https://www3.nhk.or.jp/news/html/20210622/k10013097431000.html 검색일자 2021.10.2.).

コロナ給付金 なぜ私たちは「線の外側」なのか 朝鮮大学校生の訴え：(https://mainichi.jp/articles/20210108/k00/00m/040/114000c 검색일자 2021.10.2.).

公益財団法人長岡市シルバー人材センター：http://www.nagaoka-sjc.jp/g1_annai.html(검색일자 2017.09.14.).

国際移住機関：(https://www.iom.int/news/rights-and-health-refugees-migrants-and-stateless-must-be-protected-covid-19-reponse 검색일자 2021.10.1.).

社会的企業事業成果: http://www5.cao.go.jp/keizai1/koyou/fukko/sei-kahokoku/jissekichi.pdf(검색일자2017.01.25.).

商店街活性化促進事業について: https://www.kantei.go.jp/jp/singi/sousei/meeting/tihousousei_setumeikai/h30-06-01-shiryou5.pdf#search(검색일자 2018.10.08.).

在留外国人のコロナへの対応：(https://www.covid19-jma-medi-

cal-expert-meeting.jp/topic/3002 검색일자 2021.10.1.).
朝鮮大生と留学生を差別　国連4報告者, 是正要求 : (https://www.nikkei.com/article/DGXZQOCB22A260S1A620C2000000/ 검색일자 2021.10.2.).
朝鮮大学校生「なぜいつも除外」 学生支援緊急給付金で「平等」訴え: (https://www.asahi.com/articles/ASP976G77P97UTIL017.html 검색일자 2021.10.2.).
地域雇用創出事業 : http://www5.cao.go.jp/keizai1/koyou/fukko/pamp.pdf (검색일자 2017.01.25.).
地域社会雇用創出事業 : http://www5.cao.go.jp/keizai1/koyou/fukko/pamp.pdf (검색일자 2017.01.25.).
法務省(2020)「第1表　国籍·地域別　在留資格(在 留目的)別 在留外国人」(https://www.e-stat.go.jp/stat-search/file-download?statInfId=000031964914&fileKind=0 (검색일자 2021.10.06.).
文部省(2020)「『学びの継続』のための学生支援緊急給付金」(文科省HP).
2020年5月25日「学生支援緊急給付金」に関しすべての困窮学生への給付を求める声明」(移住連).
2020年5月29日 「学生支援緊急給付金」に関する文科省要請報告(移住連).
『日本経済新聞』2021年6月22日.
『毎日新聞』2021年1月10日.
『朝日新聞』2021年9月7日.

# 찾아보기

# 찾아보기

ㅇ

ㅊ



ㅋ



ㅌ

■ 김일태

미국 조지아대학교 경제학박사
전남대학교 경제학부 교수
농업유산 자문위원회(농림축산식품부) 위원
일본응용경제학회「Studies in Applied Economics(응용경제학연구)」 편집위원
광주광역시 일자리위원회 위원
전) 국토교통부 중앙도시계획위원회 위원

주요 연구실적

"기술혁신이 지역경제성장에 미치는 영향 분석: 횡단면 의존성과 지역별 이질성을 고려하여", 한국지역경제연구, 19(2), 2021. (공저)

"Cournot Conjectures with Asymmetric Information under Uncertainty," *Journal of Economic Studies*, 39(2), 2021, 3-20 (Coauthor).

『Applied Economic Analysis of Information and Risk』, Springer Nature, 2020. (공저)

『사회적경제와 소셜이노베이션』, 전남대학교출판문화원, 2020. (공저)

"Regional Total Factor Productivity and Local Employment Growth : Evidence from Korea," *Asia-Pacific Journal of Regional Science*, 1(2), 2017. (공저)

■ 임영언

일본 조치대학(上智大學) 경제사회학박사
전) 전남대학교 세계한상문화연구단 연구교수
조선대학교 국제티앤커피문화학과 겸임교수
강남대학교 한국사회복지연구소 연구위원
재외한인학회「재외한인연구」 편집위원장
조선대 국제문화연구원「국제문화연구」 편집위원장
광주 동명동 도시재생사업 운영위원

주요 연구실적

『韓国人企業家：ニューカマーの起業過程とエスニック資源(長崎出版株式会社』, 2004.

『글로벌 디아스포라와 세계의 한민족』, 북코리아, 2014. (공저)

『재일코리안 기업의 형성과 기업가정신』, 북코리아, 2015.

『글로벌 호남한상인 네트워크와 기업가정신』, 도서출판 마루, 2019. (공저)

『일계인디아스포라의 초국가성과 다중정체성』, 북코리아, 2019. (공저)

『사회적경제와 소셜이노베이션』, 전남대학교출판문화원, 2020. (공저)

사회적경제와 혁신성장

2021년 12월 15일 인쇄
2021년 12월 20일 발행

지은이 | 김일태·임영언
펴낸이 | 정성택

펴낸곳 | 전남대학교출판문화원
주소 | 61186 광주광역시 북구 용봉로 77
전화 | (062) 530-0571~3 팩스 | (062) 530-0579
등록 | 1981. 5. 21. 제53호
홈페이지 | http://www.cnup.co.kr
이메일 | cnup0571@hanmail.net

값 15,000 원

ISBN 978-89-6849-838-1 (93320)